少儿图书馆阅读指导及推广研究

邱晓东◎著

线装书局

图书在版编目（CIP）数据

少儿图书馆阅读指导及推广研究 / 邱晓东著. -- 北京：线装书局, 2023.7
ISBN 978-7-5120-5475-2

Ⅰ. ①少… Ⅱ. ①邱… Ⅲ. ①儿童图书馆－读书活动－研究 Ⅳ. ①G258.7

中国国家版本馆CIP数据核字(2023)第086370号

少儿图书馆阅读指导及推广研究
SHAOER TUSHUGUAN YUEDU ZHIDAO JI TUIGUANG YANJIU

作　　者：	邱晓东
责任编辑：	白　晨
出版发行：	线装书局
地　　址：	北京市丰台区方庄日月天地大厦B座17层（100078）
电　　话：	010-58077126（发行部）010-58076938（总编室）
网　　址：	www.zgxzsj.com
经　　销：	新华书店
印　　制：	三河市腾飞印务有限公司
开　　本：	787mm×1092mm　1/16
印　　张：	11
字　　数：	220千字
印　　次：	2024年7月第1版第1次印刷
定　　价：	68.00元

前　言

　　少儿图书馆是少年儿童进行课外阅读的重要场地，也是少年直接获得课外知识的重要来源地，少儿图书馆能够整体提高少儿的文化水平，因此，少儿图书馆承担的教育引导责任尤为重大。少儿图书馆的正确地阅读引导与阅读推广密不可分，当前因互联网信息的快速发展，少儿在阅读需求上呈现的新变化影响着阅读推广的效果，基于此，本书重点探究图书馆如何引导少儿提升阅读能力、探索阅读推广的相关机制。

　　本书首先概述了少儿图书馆的内涵，简述了少儿图书馆的阅读指导功能，少儿图书馆的主要服务对象是少年儿童，通过丰富多彩的读书活动以及阅读素材可以引导少年儿童自主开展阅读活动，使少儿形成良好的阅读习惯。其次研究了少儿图书馆阅读服务的内容，分析少儿图书馆阅读服务思维与知识服务，论述少儿图书馆的服务特征、服务的现状和特点、服务思维的重要性以及知识经济服务的教育职能，针对少儿图书馆阅读统计与管理的内容展开论述。最后研究了少儿图书馆阅读推广流程模式以及少儿图书馆阅读推广的队伍建设，探究少儿图书馆阅读推广队伍的内涵、队伍能力与队伍管理等相关内容。

　　本专著简明扼要地阐述了少儿图书馆的相关阅读知识、阅读方法、阅读推广等问题，整体内容丰富、详实具体。由于作者水平有限，才疏学浅，所以作者在撰写本书的过程中借鉴、整合、引用了少儿图书馆领域内知名专家及学者们的学术图书著作、教材、期刊论文等资料，所借鉴的资料大部分来源已标注在文后的参考文献中，由于参考资料过多，加之篇幅有限，可能有文献遗漏等问题，还望相关专家海涵。作者在此对本书内容所借鉴的文献作者表示诚挚的谢意，感谢前辈专家学者们发表的宝贵研究资料，使晚辈有学习参考的机会。感谢图书馆领域专家学者们做出卓越的学术贡献，作者在此再次对专家们表示诚挚的谢意与敬意！

编　者

编委会

吴晓霞　邱　晔　王锡舜
徐红梅

目 录

第一章 少儿图书馆概述 ……………………………………………（1）
  第一节 少儿图书馆的内涵 …………………………………………（1）
  第二节 少儿图书馆的阅读指导功能 ………………………………（9）

第二章 少儿图书馆阅读服务的内容 ………………………………（12）
  第一节 少儿图书馆阅读服务内容 …………………………………（12）
  第二节 少儿图书馆阅读服务思维 …………………………………（37）
  第三节 图书馆服务思维的演变 ……………………………………（41）
  第四节 少儿图书馆阅读知识服务 …………………………………（58）

第三章 少儿图书馆阅读统计与管理 ………………………………（70）
  第一节 少儿图书馆阅读统计工作 …………………………………（70）
  第二节 少儿图书馆阅读管理工作 …………………………………（84）

第四章 少儿图书馆阅读推广流程与模式 …………………………（107）
  第一节 少儿图书馆阅读推广的流程 ………………………………（108）
  第二节 少儿图书馆阅读推广的模式 ………………………………（125）

第五章 少儿图书馆阅读推广的队伍建设 …………………………（134）
  第一节 少儿图书馆阅读推广队伍的内涵 …………………………（134）
  第二节 少儿图书馆阅读推广队伍的能力 …………………………（138）
  第三节 少儿图书馆阅读推广队伍的管理 …………………………（144）

第六章 少儿智慧图书馆的阅读推广活动 …………………………（151）
  第一节 少儿智慧图书馆阅读推广概述 ……………………………（151）
  第二节 少儿智慧图书馆儿童阅读推广活动研究 …………………（154）
  第三节 智慧图书馆青少年阅读推广活动研究 ……………………（163）

参考文献 ………………………………………………………………（166）

第一章 少儿图书馆概述

第一节 少儿图书馆的内涵

一、少儿图书馆概述

(一) 少儿图书馆相关理论概述

1. 少儿图书馆的内涵

少儿图书馆的本质是利用适合少年儿童阅读的书刊资料等信息载体,对广大少年儿童进行思想品德教育和科学文化知识教育的公益性社会文化教育机构。

少儿图书馆的作用是儿童读物等信息的载体,是儿童道德教育和科学文化知识的非营利性社会文化机构。随着社会主义现代化建设的深入发展,新时代少儿图书馆深化的改革势在必行。深化少儿图书馆改革应立足于时代。面对信息时代带来的挑战,要及时调整工作的重点,进行服务创新,优化馆舍建设,从而提高少儿图书馆的社会地位。新时代少儿图书馆要么迎接挑战,适应潮流,要么被时代淘汰。这就要求新时代少儿图书馆必须打破原有的传统与习惯的羁绊,在现有的基础上扬长避短,进行发展创新。

2. 新时代少儿图书馆的特点

第一,新时代少儿图书馆具有创新性。新时代少儿图书馆会针对特殊的节日举办节日加开活动,每年的少儿读书月的时候更是要能做到全月均有活动覆盖。且举办活动形式新颖,活动内容也是丰富多彩,独具特色和新意。

第二,新时代少儿图书馆具有教育性。影音资源应比图书资源更具娱乐性,如果少儿图书资料的主旨是在教育,只需在其中加入部分娱乐因素,那么少儿影音资料就应是在娱乐中加入部分教育因素。

第三，新时代少儿图书馆具有引导性。引导少年儿童养成阅读习惯，提高图书馆利用率，协助中小学校图书馆建设与维护，监督中小学校图书馆良性运营和发展。

3. 新时代少儿图书馆的重要性

第一，我国少年儿童数量众多，他们的地位是非常重要的。当前，知识经济居于主导地位，高新技术产业将成为主导产业。在人才培养方面，我们将进一步强调素质教育、创新教育，社区教育也将越来越受到重视。作为社会教育的主要方面之一，少儿图书馆将面临新的挑战。我国少年儿童数量众多，思想道德素质和科学文化素质关系着整个中华民族和中国共产党的前途和命运，关系着国家的兴衰。

第二，我国少儿受教育程度低，文化生活缺乏，严重影响了少儿的健康成长。随着科学技术的进步，多媒体文化吸引着少儿的独特魅力。少儿阅读能力和阅读兴趣薄弱已成为普遍现象。尤其是在改革开放的宏观社会背景下，各种文化思潮的涌入，给少儿带来了一些不健康的思想文化影响。尤其是电视剧、武术、怪兽和浪漫主义，充斥着街头大小不同的书。少儿图书馆承担着阅读和引导少年儿童读者的责任，以社会主义、爱国主义、集体主义和科学文化知识占领少儿的思想文化地位，使广大少儿健康成长。

（二）国内少儿图书馆研究现状

1. 图书文献更新慢

就当前少儿图书馆的发展状况来看，有相当数量的少儿图书馆发展存在困难，文献资料的投入会受到经费的限制，馆藏资源不足影响少儿图书馆文献资料工作的整理与开展。从某种程度上来说，这些产物还没有真正地得以实现，无法发挥整体效益。

2. 创新型服务开展不到位

传统的少儿图书馆管理员的主要职责在于"管"，管理少儿，管理图书，管理借阅、管理归还，主动为少儿读者提供服务的现象不常见。对于图书资料来说，只有有人去借阅去利用，才能发挥其应有的作用。因此，要改变过去的图书资料管理方式，从被动保管转向主动服务。

3. 图书馆工作人员的专业素质有待提升

信息时代的到来，传统的少儿图书馆管理模式开始朝着信息化、网络化的方向发展。作为少儿图书馆的基本要素，图书馆工作人员是图书馆各项功能的发挥者，其综合素质对图书馆的现代化服务有直接的影响。但是，纵观当前少儿图书馆的工作人员，其专业化素质跟时代的发展要求存在一定的差距，这就影响了少儿图书馆的服务成效。

4. 新时代我国少儿图书馆优化建设路径

（1）丰富图书资料资源

丰富图书资料资源是做好少儿图书馆工作的前提和基础。对于少儿图书馆来说，可开展的工作如下：

首先，要注意筛选适合少儿阅读的优质文献资源，把这些优质文献资源转化为数字化资源。因为对于图书资料部门来说，其藏书都比较丰富，会有一些比较珍贵的纸质资源经过长时间的使用出现了相应的破损，对外借阅的可能性已经不大，但是，这些图书资料又比较珍贵，如果不进行循环利用就会出现资源浪费。面对这种状况，工作人员要制定出相应的措施，筛选出有效的文献资源，进行扫描和整理，转化为数字化文献，方便保存和二次利用，特别是那些特色化的少儿图书资料，通过运用现代化的识别技术，建立多媒体资源数据库。

其次，结合现有的图书资料，根据资金状况尽可能地用在最需要的图书、报刊、电子图书资料，以及数字化等资料的购买上。在信息时代，图书馆工作人员在查阅网络信息资源的时候可以运用专业化的搜索引擎，在互联网上按照一定的标准，有针对性地对与少年儿童领域相关的信息进行搜集。通过建立专题数据资源信息库，让图书资源的完整性得以有效保障。网络数据库专题建立之后，不能不管不问，要及时更新，确保网络文献信息资源的有效性。

再次，监督图书资料的归还工作，尽可能地缩短图书资料的流通周期，减少其在个人手中的闲置时间，提高利用率，这也是增加少儿图书馆图书资料库存量的重要方式。

最后，要强化跟其他少儿图书馆的联系，建立信息交流平台，定期进行信息交换，学习其他机构少儿图书资料管理先进的工作经验，还可以联手举办学术讨论会等，通过这些方式实现互惠互利。

（2）拓展创新型服务

做好基础文献工作并不是服务工作的全部，在文化需求不断更新变化的今天，图书馆需要拓展思路、提升服务理念，打造符合读者需求的多功能图书馆。少儿图书馆在改建之初就前瞻性地进行了大胆设计，改造完成的馆舍除了传统的借阅功能之外，还包含了教育、娱乐等多种功能，极大地丰富了服务层次，满足了孩子们各方面的需求。

5. 提高工作人员的素质

第一，在知识经济时代，少儿图书馆是否处于有利地位，并不断成长壮大，人才是决定因素。知识经济时代的少儿图书馆应首先配备一支高素质的干部队伍。

这支干部队伍要具有较高的文化素质、超高的职业素质、现代科学的管理素质、优秀的现代思想素质、高尚的职业道德和良好的心理素质。坚持"一个中心"和"一个统一",即以少年儿童读者为中心,统一严谨的科学管理,最大限度地为读者服务。对于读者在科学管理的基础上有一个长期的计划,要处理好少儿图书馆和少儿读者之间、工作人员和小读者之间、少儿读者的需要和馆藏的建设之间多方面的关系,使读者工作的顺利开展创造了良好的硬件和软件环境,为少儿读者提供温馨服务,充分展示少儿图书馆的社会价值。

第二,少儿图书馆可以采用"走动管理法"。这是由著名的管理学家托马斯提出来的,要求工作人员能够走出办公室的局限,深入少儿读者中去,进行调查研究,从而获取真实有效的信息,为下一步的创新提供依据。也就是说,图书馆工作人员要抽出时间跟少儿读者进行沟通和交流、谈心,对提供的服务质量与服务水平进行了解,并把访谈的真实结果向上级领导进行反馈,为制定下一步的创新策略做出贡献。此外,在少儿图书馆日常管理中,一项重要的工作就是排架工作,把少儿图书馆的架位分割成不同的区域,每个区域都有专门的负责人,每个负责人都负责各自区域的图书上架与整理工作,还包括区域的环境卫生,要从制度上规定每个区域的乱架的比例,举行定期抽查活动,让图书摆列得整齐有序,让少儿读者查阅起来更加方便、快捷。事实上,我们要提高流动服务水平,除了要让责任落实到每一个人身上,还要成立相应的协作小组,通过小组成员相互帮助,减少因为一人不在而出现图书积压与乱放的现象。在图书整理结束之后,还要进行巡视工作,防止出现盗取图书等现象的发生,还能够通过巡视为少儿读者提供个性化的服务,解决少儿读者在查阅图书方面遇到的困难。

综上所述,要注重利用新时代少儿图书馆的文献资源,把其服务范围进一步拓展,体现了新时代少儿图书馆"读者至上"的服务宗旨,为提高新时代少年儿童的整体文化素质打下了坚实的基础。

二、少儿图书馆的发展现状

少儿图书馆是学生学习知识的第二课堂,是少年儿童阅读以及自己学习的场所,能够对老师和家长的教育进行补充,并延伸少年儿童学到的知识等。少年儿童正是学习知识的关键时期,少儿图书馆不但能够帮助少年儿童学习知识,还能培养其读书的良好习惯和阅读兴趣,开发少年儿童的智力等,起到的作用不容忽视。因此,在很多发达国家,对于少儿图书馆的建设,给予了高度的重视,从各个方面给予了大量的投入。但是,我国对于少儿图书馆的建设还有些欠缺。

(一) 我国少儿图书馆的发展现状

当前,我国公共图书馆的发展不符合经济发展的速度。与公共图书馆进行比较,少儿图书馆发展的状况并不是十分的理想,只有为数不多的图书馆设置了少儿阅读室,但设置的阅读室规模并不是非常的大,对于文献的收藏也十分有限,服务也比较差。

在我国的一些大城市,由于经济发展的速度比较快,所以少儿图书馆建设的规模和文献资源的发展比较迅速,有足够的资金保障。其中在广州、深圳、大连等区域,每年用于购买图书的经费便超过了百万元,温州、湖南及厦门等区域的少儿图书馆的面积,超过了全国少儿一级馆的评估准则。

但是,在西部的农村区域,对于少儿图书馆的建设非常缓慢,由于区域经济发展不平衡,对西部区域少儿图书馆的发展造成了严重的影响。东部沿海区域,由于经济发展状况比较好,所以有大量的资金可以投入相关的建设中,但是西部农村区域的经济发展比较缓慢,对于文化事业的建设,并没有太多的资金能够投入。

阅读,是现代社会人们获取信息、增长知识的重要手段,能够开阔视野,陶冶情操,有助于培养和提升思维能力,树立正确的人生观、世界观和价值观。

少年儿童是祖国的未来,民族的希望。少年儿童时期是个体身心发展从不成熟走向成熟、从儿童走向成人的过渡时期。少年儿童的阅读习惯和品位对其一生的发展都具有重要影响。少年儿童的阅读状况不仅关乎个人的成长,也是影响国家和民族发展的大事。开展少年儿童阅读推广对培育和践行社会主义核心价值观,提高国民思想道德素质和科学文化素质,建设社会主义文化强国,增强国家文化软实力,实现中华民族伟大复兴的中国梦具有重要意义。

(二) 少年儿童的阅读现状

近年来,形式多样的少儿阅读推广活动在全国各地公共图书馆大力推动、持续升温,并取得了一定的成效。少儿阅读状况呈现总体向好的态势,并在阅读方式、阅读内容、阅读品位等方面呈现出以下倾向,值得关注。

1. 浅阅读

信息时代,新媒体的发展和信息量的爆炸让浅阅读成为一种必然。浅阅读是指一种浅层次的,以简单轻松、实用性甚至娱乐性为最高追求的阅读形式。速读、粗读、快读、浏览,都可以理解为是一种"浅阅读"。

少年儿童自我意识迅猛发展,思维活跃,认知旺盛,情感丰富且不稳定,浅阅读及其衍生的"读图时代""动漫时代"在某种程度上恰恰迎合了少年儿童的阅读趣味。少年儿童独特的生理特点和心理特点决定了他们一方面对知识性阅读、理解性阅读、探索性阅读有强烈的渴望,另一方面又很难摆脱对浅阅读带来的即时性阅读快感的追求。

2. 数字化阅读

全媒体时代，数字化阅读已成为常态且发展成为主流的阅读方式。相比于传统一代，少年儿童更乐于接受互联网思维和数字化阅读方式，他们倾向于通过手机、电子阅读器等智能移动设备来阅读和学习。微博、微信阅读等移动终端和社交媒体平台以其更新速度快、阅读便捷、互动性强的特点尤其受到少年儿童的喜爱。

3. 功利化阅读

功利化阅读是当今少年儿童无法回避的阅读现状。在升学压力和社会竞争的大环境下，"为考试而读""只读有用的书"的思想大行其道，少年儿童的阅读书籍多被教辅类、应试类工具书挤占，老师推荐书目由于和考试内容直接挂钩，也长期居于阅读排行榜前列。少年儿童的功利化阅读虽然无可厚非，但如果一味任由其发展，不加以正确引导，会导致少年儿童视野狭窄，养成"偏食"的阅读坏习惯，进而缺乏良好的人文底蕴和文化素养，丧失思辨能力，其后果令人担忧。

（三）少儿图书馆培养少年儿童阅读能力的优势

1. 资源优势

与普通的图书馆不同的是，少儿图书馆中的所有读物都适合所有幼儿和高中年级的孩子阅读，还有一些充满趣味性的"绘本"、玩具以及各种小游戏等。除此之外，来到少儿图书馆的孩子还能够运用自己的双手制作一些小包包或树叶做的小书签等物品作为纪念品，让孩子们在图书馆中找到学习与阅读的乐趣。

2. 人才优势

少儿图书馆经过了相当长一段时间的经营与实践，也培养出了许许多多的少儿工作人员，这些充满爱心的工作人员许多都是在校的教育工作者，或者从事与教育相关的人员，这些人才不仅知识面广而且敬业爱业，是孩子们的良师益友。

3. 环境优势

少儿图书馆拥有良好的硬件设施，如干净整洁的活动室、玩具室以及阅览室等，给少年儿童提供了良好的阅读氛围，让孩子们能够在一个良好的阅读环境中学习、交流，认识新的朋友，为孩子们构建一个和谐、欢乐的精神家园。

4. 活动优势

对于少年儿童的早期教育，可以通过各种充满童趣的小游戏或小活动来进行，定期的举行各种"小读者活动"是少儿图书馆最为重要的工作，也是实现少儿图书馆的发展及教育目标的途径之一。同时，这也是少儿图书馆深受广大少年儿童及家长喜爱的重要原因。

（四）青少年阅读推广的实践做法

1. 优化读者对象服务

（1）从需求出发布局馆藏资源

文献资源是图书馆的核心，"为人找书，为书找人"是读者服务的中心任务。在馆藏建设方面，少儿图书馆应通过流通大数据分析、阅读状况问卷调查、读者代表座谈会等形式，广泛了解少年儿童的阅读需求，深入分析少年儿童的阅读倾向，确定不同内容和类型的文献采集策略。例如，寒暑假期间和新学期伊始，图书馆里常常出现学校推荐书目的借阅高峰，采编人员应及时走访服务窗口，在科学合理安排馆藏结构和复本比例的基础上，及时增补各类新书，加快新书采购、加工、上架流程，因势利导，满足少年儿童的阅读需求。借阅室内设置热门书目专题书架，帮助少年儿童找到自己需要的书，从而更好地发挥图书馆社会教育的职能。

（2）从兴趣出发举办阅读活动

兴趣是最好的老师。从少年儿童的兴趣点入手，开展他们喜闻乐见的阅读活动，引导和培养少年儿童的阅读习惯，是少儿图书馆开展阅读推广的最佳方式。

（3）从便民出发开展延伸服务

如何吸引少年儿童走进少儿图书馆，利用少儿图书馆的阅读资源，是少儿图书馆急需解决的课题。少儿图书馆需要不断拓展思路，积极开展延伸服务，使广大少年儿童能够爱读书，读好书，善读书。少儿图书馆要扩展为少年儿童阅读服务的半径，缩短与少年儿童的物理空间距离，方便其利用阅读资源。此外，少儿图书馆要不断创新服务内容，在做好少儿图书馆传统的文献资源服务的同时，也要与时俱进，把科技、文化、娱乐、教育等丰富内容注入服务方针之中。

2. 营造良好阅读氛围

（1）提升家庭阅读素质

家庭是少年儿童重要的阅读场所。少年儿童在婴童时期就会模仿父母的行为，因此在家庭中，只有父母拥有良好的阅读习惯，才能对孩子产生正面积极的影响，正确积极地引导和塑造孩子的阅读行为。少儿图书馆在少儿阅读推广中要做好亲子阅读纽带的角色，重视家庭与少年儿童阅读的关系，帮助父母构建家庭的阅读环境，提升家庭的综合阅读素质。

（2）创建馆际合作机制

推广少儿阅读，营造良好的阅读氛围，单纯依靠一个地区的一所图书馆的力量是远远不够的，要积极加强与其他图书馆和社会组织的合作与交流。

（五）我国少儿图书馆的发展途径

1. 增强大局意识，提升对少儿图书馆的投入力度

与发达国家进行比较，我国少儿图书馆的建设力度明显落后，其中主要的表现为投入的力度不足，设施的建设比较落后，资源总量比较少，服务单一，网络服务还有待完善，等等。因此，政府要提升大局意识，增强责任意识，重视少儿图书馆的建设工作，并将其视为十分紧迫的一项任务，无论是在政策、经费还是在人才的培养方面，都要给予最大的支持，以便促进少儿图书馆事业的飞快发展。

2. 丰富少儿图书馆的文献收藏

首先，要将少儿图书馆的收藏量进行提升，最大程度地对少年儿童的阅读需求给予满足；其次，结合少年儿童的特点，要选择好文献，在购买的过程中，需要挑选趣味性强、科普性强、教育性强，以及启发性强的图书等，从少年儿童的角度出发，重视对动漫作品、多媒体作品等资源的收集，尽量对少年儿童的需求给予满足。

3. 重视少儿图书馆电子阅览室的建设

在少儿图书馆当中，要注重对电子阅览室的建设，并对少年儿童免费开放，以便满足少年儿童对网络文化产生的需求。其中，要加强公共电子阅览室的内部管理工作，切实为少年儿童提供绿色、健康的网络场所，有益于少年儿童的健康成长。这样，可以引导少年儿童对互联网的正确使用，使少年儿童在应用互联网的过程中，能够学到更多的知识，增长见识和开拓眼界。

4. 扩大宣传，为少儿图书馆事业的发展营造健康的社会氛围

少儿图书馆的建设和发展，需要政府的投入，也需要新闻媒体和社会的支持。因此，要尽量争取更多新闻媒体的支持，强化舆论导向，将社会对该项事业的建设和投入给予高度的认可，一同为构建少儿图书馆事业而努力。其中，少儿图书馆要制定相应的服务宣传周，并举办读书日等相关的活动，从不同的角度和方向对少儿图书馆进行宣传，使其职能和作用能够得到强化。在少儿图书馆的发展中，还要做好相关的宣传工作，争取吸引更多的读者，全面展现少儿图书馆的社会作用。

5. 积极开展内容丰富、形式多样化的服务工作

在少儿图书馆当中，少儿阅览室需要积极开展不同形式的阅读指导活动，以便在阅读当中融入思想品德的教育工作，将少儿图书馆辅助教育的智能进行开展。

此外，还要结合不同年龄段人群的特征，将服务的理念进行创新，结合当前先进的信息技术，开展知识讲座、展览等相关活动，并设计内容形式丰富的读书活动，从而吸引更多的读者能够走进图书馆。

图书馆要注重社会效益，将其放在首要的位置上，免费开放图书馆等，对未

成年人群的文化权益给予最大的保障。

总之，少儿图书馆的发展和建设是十分关键的一项工作，更是社会文化事业繁荣的重要组成部分。所以，要做好少儿图书馆当中的各项工作，对促进文化事业大发展有着重要的帮助作用，有益于提升我国的文化软实力。[①]

第二节 少儿图书馆的阅读指导功能

少儿图书馆的主要服务对象是少年儿童，旨在促进少年儿童的思想道德及文化知识建设。通过丰富多彩的读书活动及阅读素材引导少年儿童自主开展阅读活动，形成良好的阅读习惯。因此，少儿图书馆承担着一定的社会教育职能，是学校教育、家庭教育的拓展和延伸。当前阶段，结合新时代的发展趋势对少儿图书馆的服务模式进行创新是图书馆发展中的重要问题。

一、少儿图书馆的功能分析

（一）少儿图书馆是文化资源的重要来源之一

少儿图书馆主要是通过提供丰富多彩的文献信息资料，利用宣传、外借等方式将上述资料传递到读者手中，提升读者文化素养。因此，少儿图书馆的服务对象不仅包括少年儿童，还包括与少年儿童健康成长息息相关的家长及教育工作者。针对不同群体的实际需求，少儿图书馆要提供与之相适应的服务，使图书馆的资源得到最大程度的利用。同时，少儿图书馆可以与附近的少年儿童服务机构，如幼儿园、中小学及福利院等建立良好的联系，扩大服务的普及范围。此外，少儿图书馆为了方便开展相关的公益活动，还要与当地的教育系统及新闻部门保持密切的关系。

（二）少儿图书馆的社会宣传教育职能

少儿图书馆是除学校与家庭外的教育场所，对于少年儿童的健康成长及知识学习具有重要的意义。少儿图书馆是少年儿童拓宽视野、学习新知识的重要场所，承担着少年儿童良好道德品质的培养、综合素质的提高，以及学习习惯的养成等多项职责，总体来说，就是社会宣传教育职能。少儿图书馆主要是通过丰富文献资料的广泛传播或是相关公益活动的开展来实现这一职能的。针对少儿图书馆的这一职能将其与学校教育及家庭教育进行有效地衔接可以促进少年儿童文化道德素质的良好发展。

---

① 孙威.少儿图书馆理论与实践［M］.长春：吉林科学技术出版社，2019.

（三）引导阅读

少儿图书馆中收藏着大量的图书及期刊资料，其丰富多彩的内容能够激发少年儿童的阅读兴趣，从而促进少年儿童良好阅读习惯的培养。随着社会的发展，对于少年儿童的培养教育已经不仅仅局限于学校及家庭，少儿图书馆的教育职能逐渐凸显出来，因此对少年儿童的阅读活动进行有效地引导是少儿图书馆的重要责任之一。只有通过学校、家庭及社会三个方面的有效配合，才能实现少年儿童的良好发展。

二、提升少儿图书馆社会功能的有效策略

（一）创新少儿图书馆的服务方式

在新的时代背景下，少儿图书馆的服务对象已经不仅仅局限于少年儿童，读者的实际需求也发生了一定的变化，这就要求少儿图书馆必须顺应时代的发展，对图书馆的服务方式进行创新探索。首先，少儿图书馆要及时认清社会形势，对读者的需求进行充分的了解掌握，在此基础上对图书馆的服务内容及服务对象进行扩充。其次，图书馆要对当前阶段的社会热点问题进行重点关注，如少年儿童阅读的便捷性问题或是图书馆服务的人性化问题，并针对这些问题采取相应的措施以满足读者的阅读需求。最后，图书馆要注重潜在读者群体的引导，利用丰富的馆藏图书资源为家长、教师及其他少年儿童工作者提供更好的服务。

（二）促进图书资源的网络化

随着科学技术的飞速发展，计算机信息技术在图书馆的经营过程中得到了广泛地使用，在信息时代的大背景下，少儿图书馆要将纸质文献逐渐转化为电子文献，构建图书馆的信息数据库，从而更好地适应电子阅读的环境。对此，条件较好的少儿图书馆可以建立独立的网站，根据读者的需求，进行网络信息交流，及时发布相关阅读活动的信息，并对不同层次的读者提供与之相适应的服务内容。同时，图书馆还可以提供适当的电子图书资源下载服务，使读者的阅读活动更加方便快捷。此外，少儿图书馆还可以根据少年儿童的特点开展一些网络阅读活动，推动图书馆服务的普及，促进其社会功能的提升。

（三）提高少儿图书馆工作人员的素质

少儿图书馆工作人员素质的高低直接影响着图书馆社会功能能否得到有效地落实，因此切实提高图书馆工作人员的整体素质可以为图书馆工作的顺利开展奠定坚实的基础。当前时代背景下，少儿图书馆的工作人员不仅要做好馆藏文献的管理工作，还要具备扎实的专业理论知识及一定的网络技术。在具体的工作过程

中，少儿图书馆工作人员首先要做好图书馆资料的引进、整理、维护等工作。其次要做好图书馆服务的推广建设工作。少儿图书馆可以针对工作人员开展培训活动，结合实际工作内容制定相应的培训措施，实现工作人员整体素质的提高。

综上所述，少儿图书馆承担着一定的社会教育职能，想要切实提升其社会功能，必须从服务方式的创新、图书资源的管理及工作人员素质的提升三个方面入手，不断扩大图书馆的受众群体，促进少年儿童的良好发展。[①]

---

① 孙威.少儿图书馆理论与实践［M］.长春：吉林科学技术出版社，2019.

第二章 少儿图书馆阅读服务的内容

少儿图书馆是少儿知识的重要来源，承担着少儿教育责任与未成年人服务的责任，是我国提供社会服务的重要场所。因此，我国十分重视少儿图书馆服务工作，尤其在创新发展时代，我国积极加快少儿图书馆服务创新。然而，由于受传统图书馆管理的影响，少儿图书馆服务中仍存在着服务设施落后、服务方式单一、员工培训不足等问题，严重影响少儿图书馆服务的质量。针对这些问题，我国积极探索少儿图书馆服务创新的方法。研究少儿图书馆服务创新工作不仅能够提高少儿图书馆服务水平，而且对少儿图书馆的长远发展意义重大。

第一节 少儿图书馆阅读服务内容

一、少儿图书馆服务的相关内容

（一）少儿图书馆的服务特征

第一，少儿图书馆服务具有开放性特征，为全社会少年儿童提供阅读服务，开放图书馆资源，满足少年儿童的阅读需求。具体来讲，很多地方的少儿图书馆天天对少年儿童开放，每天开放时间较长，少年儿童可以免费阅读图书馆资源。第二，少儿图书馆服务具有多元化的特征。具体来讲，少儿图书馆阅读场所多元化。大多数少儿图书馆都积极为少年儿童提供多姿多彩的阅读场所，激发幼儿的阅读兴趣。同时，少儿图书馆积极开展多种多样的阅读活动，为少年儿童提供充足的阅读机会。

（二）少儿图书馆的服务定位与发展目标

少儿图书馆是面向广大少年儿童开放的公益性文化事业单位。在知识与信息飞速发展的今天，少年儿童对公共少儿图书馆服务的需求不断增加，社会对少儿图书馆的服务理念、服务方式、服务水平、服务内涵、服务评价等提出了更高的要求。如何充分发挥少儿图书馆的职能作用，更好地服务于少年儿童，这已经成为少儿图书馆工作者应该理性思索的课题。笔者认为，坚持"五度"服务是新形势下少儿图书馆具有前瞻性的发展理念，基于"五度"理念来规划少儿图书馆的建设与发展，有利于少儿图书馆服务的准确定位和持续健康发展。

1. 坚守"有温度"的服务理念

坚守有温度的服务，是少儿图书馆发展的基本需求。在大数据环境下，少儿读者的图书阅读习惯受到了严重的冲击，动感和声音甚至视觉需求都能得到满足的网络和微信直接而又快捷，使用方便和多样化的功能已经得到了越来越多的少儿读者的青睐，越来越多的少儿读者正在逐渐远离图书，远离那些曾经影响过一代又一代人地散发着浓郁墨香的图书读物。这对于少儿图书馆来说，无疑是一个巨大的挑战。如何把少儿读者重新凝聚到传统的图书阅读上来，从而继续有效地发挥传统图书潜移默化地引导和熏陶作用，这将是少儿图书馆工作者必须探讨和思考的一个重要课题。而用有温度的服务把少儿读者引导到图书阅读上来，培养他们良好的阅读习惯，保存少儿读者对图书的一份亲近与关爱，就是一个很好的办法。

坚守"有温度"的服务，是针对特殊服务对象所采取的一种新的引导阅读方法。少年儿童因为年龄和社会经历及社会经验、情感依赖等诸多客观条件的约束，决定了这样一个社会群体具有很大的可塑性和可引导性，尤其是情感的依赖性，是这个特殊的社会群体所共有的一个特点，而这个特点恰恰就是少儿图书馆人针对这个特殊社会群体提供有的放矢服务的有利契机和极好的切入点。有温度的服务能够使他们产生对图书馆的热爱，从而产生阅读兴趣。

坚守"有温度"的服务，是城市精神文明建设的需要。城市文明建设呼唤着更有温度的少儿图书馆，在摩肩接踵却素不相识的城市人群中，图书馆无疑成为人们体会人间温暖，传递真爱力量的重要家园。这样的图书馆能够滋养每个少年儿童的心灵世界，在这样的滋养过程中，少儿图书馆工作者也能够清晰地看到，少儿图书馆建设水平是城市文明的象征。少儿图书馆服务水平的提升，必然在促进城市精神文明建设提升档次、提高水平的进程中发挥积极的作用。

2. 创新"有广度"的服务方式

（1）关注服务细节

少儿图书馆所提供的服务不仅仅是传递信息，同时也要传递正能量。笔者提倡在实际工作中做到360度全方位服务：①一句问候。读者走入图书馆，主动和读者打声招呼，让读者感到被尊重。②一个动作。要认真对待读者的每一次借阅，电脑扫描完成所借图书，要把书轻轻放到读者可以拿到的地方，并温馨提示读者拿好借书证和下次还书日期。③一杯热水。在寒冷的冬天，一杯热水会为读者带去发自内心的温暖。④一个"认领箱"。在实际工作中，有读者丢落东西现象，有时馆员无法找到主人，就在醒目位置放一个"读者遗失物品认领箱"，这样方便读者下次借还图书时找到自己所丢落的物品。⑤一个微笑。笑容永远是亲和力的催化剂，一个优雅的微笑会让读者有幸福的感觉。要知道工作中没有小事，点石成金，滴水成河，只有认真对待自己工作中的所有环节，进行全方位的服务，才能获得读者的好感。

(2) 拉长服务时间

少年儿童只有在自己走出校门时才有时间和机会去图书馆，其中包含午休时间、节假日、寒暑假、周末等时间，那么就会与工作人员上班时间发生冲突；有的少年儿童放学后去图书馆，每次刚走到图书馆，还没来得及开始查找图书，下班的铃声就响了。这就要求图书馆工作人员自觉延长服务时间，延迟下班时间为小读者服务。在节假日、周末期间，会有很多小读者选择到图书馆，这就要求图书馆工作人员放弃节假日、周末和家人团聚的机会，认真做好读者服务工作。少儿图书馆服务对象的特殊性要求少儿图书馆必须坚持365天全天候开馆，以方便读者随时借阅。

(3) 延伸服务触角

少儿图书馆是静止不动的，怎么能让馆藏动起来，让图书馆有限的资源得到共享？不断延伸服务触角，最大限度地辐射更多的少年儿童已成为新的课题。盘锦市少儿图书馆已经开始了"小馆变大馆，一馆变多馆"的尝试，在偏远的学校、幼儿园、社区、军营、少儿管教所等建立了分馆、爱心书屋和图书流通站，让馆藏动起来，把服务延伸到馆外。

3. 挖掘"有深度"的服务内涵

(1) 从简单的借还到全方位的服务

由于传统的少儿图书馆馆藏资源以印刷体为主，并且少儿读者的阅读需求大多是娱乐消遣型的。因此，长期以来书刊的借阅流通服务在读者服务中占有重要地位。随着信息传播手段的日益多元化和素质教育在广大中小学校中的普及，少年儿童的阅读需求与阅读行为也随之发生了改变，主要表现为阅读内容、阅读渠道、阅读理念都发生了一定的变化。因此，少儿图书馆要挖掘有深度的服务内涵，从简单的借还到"全方位服务"，不仅要深化传统的流通服务，还要开展电子阅读、特色阅读、信息检索、参考咨询的服务。

(2) 打破传统的藏书

顺应时代的发展，让计算机技术、数字化技术、远程通信技术在少儿图书馆得到广泛的应用，实现馆藏资源—资源使用—上网数字阅读—多媒体借阅—网站链接等大格局，开通网上借阅、网上检索、网上咨询等，使信息资源的存取突破时空的限制，大大方便读者，拉近读者与馆藏资源的距离，更好地发挥少儿图书馆的职能作用，提高馆藏资源的利用率。

4. 提升"有准度"的服务水平

（1）不断学习，精湛自己的业务

少儿图书馆读者服务工作内容的变化、角色的变化和手段的变化，对少儿图书馆的工作人员来说必然会提出很多新的要求。准确的服务来自精湛的业务，这就要求图书馆工作人员必须增强紧迫感，与时俱进，不断加强业务学习，提高专业技能，补充其他相关学科知识（如心理学等）；努力学习礼仪知识，在为读者服务时做到举止文明、行为高雅，让小读者耳濡目染，使自己在为读者服务过程中随心所欲、游刃有余。

（2）掌握阅读方向，巧妙引导

根据读者的阅读心理引导借阅、辅导阅读。因为少年儿童时期是一个人的阅读心理从不成熟到成熟的发展时期，其阅读心理的发展离不开阅读活动过程中的正确引导。只有因材施教，因势利导，巧妙引导，才能让孩子爱上阅读，这是少儿图书馆工作人员的责任。当人们在快乐的状态下去完成一件事情时，会做得又快又好，其实，孩子阅读也是一样。当他们把阅读看成是一种生活的过程去享受，就会乐于接受阅读带来的新知识。少儿图书馆工作人员要遵循孩子心智成长的自然规律，诱导他们的兴趣发展，培养他们良好的习惯，发挥工作人员的积极作用，帮助孩子树立快乐的心态和学习方式，为孩子营造一种快乐的学习氛围，让他们在享受中接受阅读所带来的快乐。

5. 推广"有力度"的服务评价

图书馆提供的服务大部分是无形的，服务是一种过程，一种体验。读者的评价是检验图书馆服务水平的重要标准：①环境。图书室、阅览室环境清洁、安静、整齐、舒适。②人员。图书馆管理工作人员热情、认真、主动，有专业的能力。③设备。图书馆设施先进、齐全，能满足功能需要。④文献。图书馆的文献资源符合工作性质与目标，数量多、质量好、有特色。少儿图书馆要力争达到以上服务标准，满足读者的需求。图书馆的主要职能不是本身创造价值，也不是自身利用价值，其根本任务是把知识与读者的需求联系起来，起到知识交流的中介作用，承担起知识生产和知识利用的桥梁。"为书找人，为人找书"，是图书馆职业最简明的表述。列宁曾经说过："值得公共图书馆骄傲和引以为荣的并不是在于拥有多少珍本，而在于图书馆在人民中的流传，吸引了多少读者，如何迅速满足读者的要求。"

新形势下少儿图书馆应该用"五度"理念来定位服务，不断细化服务，不断深化服务，努力提升服务水准和服务效益，让小读者满意，形成对图书馆的依赖，从而促进少年儿童图书馆事业的良性发展。

（三）少儿图书馆服务存在的问题

1. 服务设施落后

有些少儿图书馆的服务设施滞后，图书馆桌椅数量较少，很多少儿在图书馆找不到阅读座位，图书馆设施难以满足少儿的阅读需求。并且，虽然部分少儿图书馆设置了计算机设备并开设了电子阅览室。但是，电子阅览室没有对少儿免费开放，少儿必须办理图书馆的借阅卡才能够进入电子阅览室使用计算机设备。在这种情况下，没有办理图书馆借阅卡的少儿无法使用计算机设备进行网络资源搜索。另外，很多少儿图书馆的数字图书馆和模拟图书馆建设滞后，难以满足少儿对数字图书资源的需求。

2. 服务方式单一

在信息技术背景下，传统的手工操作服务已经不适应少儿图书馆信息化的发展。少儿图书馆的信息采集、信息整理、信息存储和信息传播都需要信息技术的支持。然而，现阶段仍然有部分少儿图书馆采取传统的服务方式，少儿借书和还书必须亲自到图书馆。并且，少儿的图书阅读必须查阅图书目录卡，浪费了大量的时间。另外，这些图书馆的信息咨询工作、专题服务、图书失踪服务等缺失，少儿图书馆服务方式单一。

3. 文献信息滞后

现阶段，有些少儿图书馆的信息资源缺乏完整性和系统性，少儿图书馆并没有随着信息的发展及时更新图书资源，导致图书馆文献信息滞后。在这种情况下，少年儿童只能在图书馆借阅滞后的文献资料，缺乏对先进信息资源的了解。另外，大多数少儿图书馆的网络技术水平较低，网络建设缓慢，网络资源不够充足，难以为少年儿童提供充足的信息资源。

（四）少儿图书馆服务问题的原因

1. 管理思想滞后

部分少儿图书馆的管理思想比较落后，缺乏对现阶段少儿图书馆职能和社会责任的正确认识，认为少儿图书馆仅仅是少儿借书和还书的场所，没有将少儿阅读指导、信息参考咨询、图书馆教育纳入服务范围，服务理念十分滞后。并且，这些少儿图书馆仍采取计划经济时代的管理思想，重视图书馆管理技术而忽视了图书馆的服务工作，导致图书馆内部管理人员数量过多，人力资源浪费现象严重。

2. 经济体制因素

在现阶段，很多少儿图书馆工作人员都是在计划经济体制下相关人事部门分配而来的，没有经过相关考试，少儿图书馆工作人员素质难以保障。并且，受权力因素的制约，有些素质较低的人员通过人脉关系进入少儿图书馆工作，这些人虽然拿着工资，但是却没有积极完成工作，导致少儿图书馆工作人员较多，高水平有素质的工作人员较少。另外，由于少儿图书馆工作人员的工资待遇与其他事业单位相比相对较低，有些工作人员对工资待遇收入不满意，缺乏工作热情，没有充分发挥自己的才能进行服务创新。

3. 技术不足

现代信息技术在信息传播中发挥着重要作用，并且，在信息化时代，信息技术的应用已经十分广泛。少儿图书馆服务必须引进信息技术，开展信息化图书馆服务，更新图书馆服务方式，促进信息传播和资源共享。然而，在现阶段，有些少儿图书馆缺乏对先进信息技术的应用，图书馆服务技术水平较低，没有采用信息化的信息传播技术和数字网络技术，少儿图书馆信息服务水平较低。

4. 政府支持力度较小

少儿图书馆的发展需要政府的支持，然而，在现阶段，部分地方政府缺乏对少儿图书馆的重视，政府对少儿图书馆的支持力度较小。具体来讲，有些地方政府对少儿图书馆的资金支持十分有限，没有引导社会资金融入少儿图书馆服务，导致少儿图书馆服务面临较大的资金问题。并且，有些地方政府缺乏对少儿图书馆的技术支持，没有将先进信息技术投入少儿图书馆建设过程中，导致少儿图书馆信息化水平较低。

（五）少儿图书馆服务创新工作的策略

1. 创新服务观念

观念创新是少儿图书馆服务创新的前提，对少儿图书馆服务创新工作有着重要的指导作用。因此，少儿图书馆应积极创新服务观念。为此，少儿图书馆应树立读者第一的理念，以读者为中心进行少儿图书馆建设，坚持读者第一的原则开展阅读服务，积极优化图书馆服务内容和服务方式。并且，少儿图书馆应重视读者与图书馆的平等关系，平等对待少儿读者，确保少儿使用图书馆信息资源的权利，加强对少儿的关怀和帮助，尊重少儿读者的人格尊严。

2. 创新服务管理

创新服务管理是少儿图书馆服务创新的重要途径，因此，少儿图书馆应积极创新服务管理。为此，少儿图书馆应树立读者服务理念，积极创新少儿图书馆管理方法和服务方法，提高服务效率。并且，少儿图书馆应积极借助社会舆论，用社会道德习惯制约少儿图书馆工作人员的行为，提高少儿图书馆工作人员的服务质量。另外，少儿图书馆应积极改变传统计划经济时期的管理方式，加强对少儿图书馆工作人员的考核，确保少儿图书馆工作人员的业务能力和服务能力，避免人力资源浪费。

3. 创新服务队伍

创新服务队伍能够有效提高少儿图书馆服务质量，加快少儿图书馆服务创新工作。因此，少儿图书馆应积极创新服务队伍，不断提高少儿图书馆服务人员素质。为此，少儿图书馆应提高人才引进的要求，使人才在通过相关考试之后才能够进入少儿图书馆工作，进而确保少儿图书馆的业务能力。同时，少儿图书馆应加强人才培养，定期组织图书馆工作人员参加业务培训，学习先进的图书馆服务知识和技能，提高少儿图书馆人员的服务能力。另外，少儿图书馆应积极与高校合作培养少儿图书馆专业服务人才，确保少儿图书馆工作人员的专业知识结构和专业服务技能，增强少儿图书馆服务的专业性。最后，少儿图书馆应加强对少儿图书馆工作人员的创新教育，提高少儿图书馆工作人员的创新意识和能力，积极鼓励图书馆工作人员创新服务工作，促进图书馆服务创新的开展。

二、少儿图书馆服务的现状和特点

我国少儿图书馆面向不同年龄结构群体的服务分为：未成年人服务与成人服务两大内容。

对于未成年人服务中的"未成年人"，各图书馆从自身实际和社会职能出发，结合未成年人的身心特点和成长需求，将其划分为：婴幼儿、儿童、青少年。

（一）分层理念下的未成年人服务

1. 面向婴幼儿的图书馆服务

在我国，不少公共图书馆已经意识到面向婴幼儿服务的重要性。在旧有的传统借阅服务的基础上，许多新建的图书馆纷纷设置符合婴幼儿身心特点的专区。为婴幼儿服务方面，我国图书馆大多更为注重亲子教育和启蒙教育。除了区域设置更为合理之外，更重要的就是开展各类丰富有趣的阅读推广活动。但就具体的阅读服务而言，婴幼儿不具备主动的阅读能力。因此婴儿和学步儿童的阅读服务需要更多的专业知识与创新性服务举措，并非有服务意愿就可开展好服务。目前，我国图书馆为婴幼儿服务的活动形式可能类似，但是内容侧重却有所不同。

2. 面向儿童的图书馆服务

面向小学1~6年级的儿童，除了提供书籍借阅服务，开展读书征文、知识竞赛等文化活动外，则更注重生活体验。目前我国少儿图书馆开展的体验内容有图书漂流、闲置物品买卖、垃圾分类，以及书画、手工、音乐、舞蹈、棋类等生活体验。

3. 面向青少年的图书馆服务

步入初中、高中年龄段的未成年人已经具备在公共图书馆办理借阅证件的资格，具备与成人读者相同的阅读能力，公共图书馆往往将他们当作成年读者对待，同时，这个年龄段的未成年人的兴趣爱好较为广泛，因此，图书馆在图书的采选方面，内容要求更广、品种要求更多，而不仅仅局限于教育类、小说类书籍。同时，这部分读者面临中考、高考，学习任务非常重，来图书馆的人数相对较少，图书馆很少开展针对他们的阅读服务，因此面向青少年的阅读推广服务在我国图书馆也是一个盲区。唯一开展较多的服务，就是为青少年读者提供志愿者活动岗，完成学校的社会实践任务。

这类人群处于青春期，价值观、世界观和个人信仰在这个阶段开始形成。为了让这个群体的读者在图书馆享有自由阅读的权利，新建图书馆纷纷针对性地开辟出了青少年服务空间，如休息区、学习区、数字资源区，同时为他们提供网络空间，吸引青少年来图书馆。在国际图书馆协会联合会的未成年人服务指南体系中，有专门针对这一群体的指南。一般而言，图书馆针对他们的阅读服务应侧重培养他们的社会意识、公民意识和成人意识，除了对他们开放普通阅读服务外，还可以提供志愿者活动、讲座（关于择校、就业、两性话题等）、展览等相关的阅读服务项目。总之，面向青少年的图书馆服务，我们还有许多有待研究和提高的地方。

（二）拓展服务：面向家长、教师等成人的少儿图书馆服务

1. 面向家长的服务：提高家长对阅读的重视度，造就少儿阅读的坚强后盾

家庭是孩子人生的第一课堂，也是终生的课堂，父母是孩子的第一任老师，也是终生的老师。所以少儿图书馆服务应该在面向未成年人服务的同时，也注重为家长服务。少儿图书馆应将收藏的儿童教育学、心理学以及文学名著、科普文史等适合家长阅读的各类优秀文献向家长开放，帮助家长拓宽知识面，提供借阅服务，培养爱读书的家长；设立亲子阅览室，倡导亲子阅读，让家长参与孩子的阅读，激发孩子阅读兴趣；此外，还可以开设家教论坛，举办家长沙龙，邀请支持孩子阅读的家长现身说法，让更多的家长了解阅读对孩子的意义；利用宣传栏、网站、馆刊、媒体等多种渠道，向家长介绍指导少儿阅读的方法和技巧；邀请专家或名人名师，为家长开展各类知识讲座，使家长学会为孩子选书，指导孩子阅读。逐渐提高家长对阅读的重视度，造就少儿阅读的坚强后盾。

2. 面向教师和其他社会教育工作者的服务

由于未成年人的年龄与能力、不安全的社会治安及应试教育环境等原因大大限制了未成年人的活动半径。为更好地扩大少儿图书馆的服务半径，发挥其中心馆作用，许多少儿图书馆都与幼儿园、中小学建立了合作关系。目前，越来越多的少儿图书馆都已认识到图书馆的服务半径离受众群体越近，读者对图书馆的服务就更了解，对资源的获取就更便捷。鉴于图书馆的公益性质，社会教育机构愿意主动与图书馆合作开展有益于读者的阅读服务活动，希望借此推广并拉近机构自有资源与读者的距离，拉近服务与读者的距离。

新建网点是图书馆面向教师和其他社会教育工作者提供社会教育服务的有效保障：图书馆根据网点的需求为其配送相应的图书种类和数量，定期更新，提供数字资源，满足读者对文化资源的需求；借助网点人力、指导网点图书管理员开展图书借阅服务，满足网点读者的借阅服务需求；有效整合网点教育资源，实行"引进来、输出去"的合作战略，合作开展阅读推广活动，丰富图书馆教育资源的同时，可根据网点的需求提供各类丰富的社会教育资源，实现资源共享。这一举措很好地延伸了少儿图书馆的服务触角，扩大了受众群体，更完善了少儿图书馆事业的基础建设，实现整体推进图书馆事业的协调发展。

（三）阅读服务的转变

近年来，许多少儿图书馆为未成年读者开展阅读服务活动的能力逐渐增强，并有了新的突破和发展，主要体现在三大转变。

1. 阅读服务的内容从单一转向多元

为满足未成年人读者的不同阅读需求，少儿图书馆的阅读服务从简单的借阅服务转向书本阅读与体验式阅读相结合的方式。比如读者亲自动手、操作体验的生活实践活动，绘本情景剧表演，实践性科普实验，绘画类审美课堂等，以吸引读者来馆体验学习。

2. 为儿童提供教育支持，转向为家长和儿童提供教育支持

以往的图书馆未成年人服务，常常只为儿童提供教育支持，现在，越来越多的图书馆在为低龄儿童读者开展阅读服务的同时，还为广大儿童家长读者开展有关其感兴趣的或感到困扰的话题和内容的阅读推广活动：为婴幼儿家长读者讲授科学的育儿方式、良好习惯的养成；帮助即将升学参加中考的学生家长读者了解最新的社会教育动态、教育体制的改革变化等，活动形式有讲座、交流会、沙龙等。帮助爱好学习的家长读者提高阅读指导能力，实现终身学习的目标。

3. 从支持学历教育到培养儿童自学能力相结合

摒弃传统旧有的被动式教育，不再以灌输式、填鸭式开展教育活动，而是在原有的基础上更注重活动内容的选择，以支持学历教育与培养儿童自学能力相结

合为服务目的。在阅读服务的内容选择上，保证德智体美劳全面发展；通过对内容进行形式环节的设计，让儿童读者对知识产生兴趣，进行自主主动式学习，以此养成良好的学习习惯，不断提升学习效率，达到未成年人读者全面素质的提升。图书馆界已经认识到，未成年人服务的对象不再局限于能自主阅读的未成年人，而将服务面拓宽到0岁起，这一服务举措足以表明我国少儿图书馆在未成年人服务领域中的长足进步。未成年人阅读服务中需要研究与探索的理论与实践问题很多，目前，对于我国的少儿图书馆，最值得探索的问题是进一步拓展未成年人阅读服务，使少儿图书馆的未成年人阅读服务真正成为面向所有未成年人的服务。

（四）少儿图书馆精细化流通服务

1. 营造温馨舒适的阅读空间

符合少儿读者高度的书架，圆角设计的阅览桌椅，各类柔和温暖的光源，色彩明快的墙绘，富有趣味的环境创设会让少儿产生愉悦的心理感受。

2. 提供丰富多彩的导读服务

（1）细化书架标识

图书馆除配备书目查询系统的电子设备外，如果能再增加一些外部的辅助设施，读者会更节省时间。在书库中增加辅助标识拼音读物专用色标、专题专类、热门图书、热门作者等。

（2）实体图书文献的陈列展览

主题书展：陈列的都是某一领域、话题的优秀图书，通过主题书展及读者借阅，可以向读者传递这些图书中的思想和价值观，还可以深化中国梦和社会主义核心价值观教育，在引导少儿阅读方面起到了重要作用。设置专架：馆员积极收集各学校的推荐阅读书目，并根据书目及时调整补充馆藏图书复本量，集中放置"学校推荐阅读图书"专架上，方便读者借阅也减少了读者咨询，更提高了借阅效率。

（3）各种载体的书目推荐

通过分级阅读推荐书目、工作人员荐书等形式宣传推广馆藏资源方便读者使用。分级阅读书目是向不同年龄段的读者推荐适合他们阅读的图书。制作工作人员荐书视频在阅览区的电视屏幕中滚动播放，让读者了解馆藏信息。

（4）特色活动

图书馆资源电子化、信息网络化是当下的主流趋势，不少读者家长提到网络就直摇头，就怕孩子沉溺于电脑游戏，从而荒废学业，对身心造成损害。如何利用好现有资源，做好数字资源阅读推广工作，浙江省温州市少年儿童图书馆近年来进行了一些创新工作，深受少儿读者及家长的喜爱。第一，图书馆可利用节假日时间邀请数据厂商组织一些生动、有趣的线下活动，通过互动活动能够让少儿及家长了解图书馆数字资源，促使相关数字资源阅读量的有效提升。第二，把数字资源的阅读推广工作纳入日常活动中去，通过定期开展活动，让读者尤其是家长能够深入了解数字资源，打消家长在阅读内容方面的顾虑，为少儿提供更多的良好的阅读平台。

（5）图书馆宣讲活动

对于潜在读者，图书馆可以采用"引进来"和"走出去"的形式对读者进行导读服务。"引进来"是指组织接待学校、幼儿园的学生、孩子集体到馆参观、体验，在工作人员带领下，孩子们参观阅览室，倾听图书馆简介，体验特色活动，借阅图书等。通过参观、体验活动，孩子们对图书馆有了更直观的了解，在孩子心中埋下了一颗阅读的种子。"走出去"是指图书馆工作人员进校园上门宣讲"如何利用图书馆"，为他们介绍图书馆的藏书布局、图书分类等基本信息，图书馆开展的各类读者活动。

3. 提高图书馆工作人员的服务意识

服务是流通工作的出发点，图书馆工作人员要牢记服务是灵魂、服务是核心、服务是基础，树立以"读者"为中心，"全心全意为读者服务"的理念，并依据这一理念使流通服务更加精细化。读者在借阅活动过程中，需要的不仅是文献资料，还需要温情的话语、亲切的关心及体贴周到的服务。只有从最细微处去关心读者，才能使读者接纳并认可少儿图书馆，使少儿图书馆成为读者的良师益友。

少儿图书馆的流通服务只有通过不断地拓展工作新思路、新方法，深入挖掘服务过程中的可精细化项目，才能为读者提供更深层次的服务，满足读者日益增长的阅读需求，使少儿图书馆得到更长足的发展。

三、少儿图书馆参考咨询服务

图书馆参考咨询服务工作为馆藏资源与读者建立起一个沟通的桥梁，这也是现代参考咨询服务工作的主要内容。少儿图书馆是社会机构的重要构成部分，每年为少年儿童提供大量的儿童文献信息，将学校教学的内容得到了更好的延伸，也为培养少年儿童阅读能力和理解能力提供了信息资源保障。而参考咨询服务工作是少儿图书馆的重要工作内容，它负责与读者进行沟通交流、解决读者的疑惑问题、传递读者所需要信息的相关内容。但在国内少儿图书馆的参考咨询服务并不对读者群体进行区分，在青少年方面的研究更是少之又少，因此笔者对少儿图书馆向青少年提供的参考咨询服务进行分析。

(一) 青少年参考咨询服务的内涵

在图书管理学和档案学及信息情报学中，将参考咨询服务定义为图书管理人员对读者的知识求助和文献利用、信息情报等需求提供帮助，通过答疑解惑、协助检索、开展专题文献报道等方式向读者提供其所需求的信息事实、数据、文献等内容。国外的图书馆协会对参考自存服务的定义为：依托图书馆藏资源为读者提供知识寻求帮助的研究工作。从定义中可以看出，参考咨询服务具体一定的服务性质和学术性质，但在广义上讲，参考咨询服务只是工作人员为读者的问题提供解决方案的过程。在高速发展的信息技术时代，少儿图书馆在努力地达到现代参考咨询服务标准，同时也要注意到数字化参考咨询服务对少儿图书馆服务工作的意义和作用，在信息化技术的支持下为读者提供更快捷、更准确地咨询服务工作。

少儿图书馆的参考咨询服务工作对象年龄跨度比较大，按照年龄的划分，可以分为学龄前儿童、学龄儿童、青少年，也包括家长、教师和儿童从业工作者等。所以服务对象年龄的差距，对服务工作的要求也不同。其中青少年群体是少儿图书馆的重要读者，他们的身心素质在不断的发展，思想也不断的成熟，容易受到社会上的不良诱惑。因此，少儿图书馆应将更多的关注放在对青少年提供参考咨询服务上，为青少年的成长提供正能量的知识理论内容，为我国青少年的未来提供正确的方向。

(二) 少儿图书馆面向青少年提供参考咨询服务的建议

1. 给予参考咨询服务工作更高的重视

青少年是少儿图书馆使用的主要群体，由于他们的知识水平和辨别能力有限，需要专业的人员为其提供符合他们年龄特征的指导和帮助，参考咨询服务工作可以利用馆藏资源根据青少年的具体情况进行有针对性地指导。

在指导和帮助的过程中，首先要对青少年的心理状况有明确的掌握，尊重个体意愿和想法，给予青少年更多的认可。青少年时期，是一个敏感又叛逆的成长阶段，在这个实际如果不能进行良好的沟通和指引，会造成青少年内心叛逆、扭曲，不利于青少年的身心健康。所以，当青少年向参考咨询服务人员求助时，工作人员一定要了解青少年的内心倾向，在沟通过程中，避免言语和行为对青少年内心造成刺激，应更多地为青少年提供其所需要的帮助，并适时的鼓励和认可青少年，给予他们更多理解和尊重，激发青少年的智慧和潜能，正确的纠正青少年的认知错误，帮助青少年树立自信。同时，也可以多开展一些心理咨询活动，青少年在学习生活中和日常生活中会遇到诸多的问题，由于有些青少年不喜欢与父母进行沟通，陌生人的方式可能更容易让其接受，所以少儿图书馆可以更多地开展一些咨询活动，对青少年的心理发展和做出有效的引导。

2. 利用信息化技术开展数字化参考咨询服务

在信息化技术的支持下，参考咨询服务的内容和形式会更加多样。虽然目前少儿图书馆的数字数据库建设还不够完善，但基本的建设内容能够满足青少年群体的需求。首先，在网上可以建设常见问题解答专题区域，这样既节省了青少年和工作人员的时间，也提高了工作效率。青少年在使用网络咨询服务系统时，通过主动寻求解决问题方式，能够很好地锻炼青少年自主解决问题的能力。其次，国内的少儿图书馆都不是24小时营业的，但通过网络信息化咨询服务，青少年可以随时随地的进行咨询和求助。同时各大少儿图书馆应经常组织经验交流活动，青少年作为一个群体，其发展规律和思考方式有一定的相似性，各少儿图书馆可以总结日常经常被提问的问题进行经验交流，找到最佳的解决方式。

3. 提高工作人员的专业素质

在现代参考咨询服务工作下，工作人员要转变传统工作方式，努力提高自身的技术水平，不仅要掌握图书档案管理、文献资源情报的相关知识，还要提高自身计算机操作能力、英语水平，为青少年提供更好的咨询服务。

综上所述，青少年作为咨询服务工作的主要对象，少儿图书馆在为其提供服务时，要根据青少年的心理特点为其提供准确的服务，注意服务的态度和行为，理解青少年的敏感，尊重青少年的自尊心，满足青少年对信息的需求，有针对性地为其提供服务。从而保证青少年健康成长，走向光明的未来。

四、少儿图书馆亲子阅读服务

随着我国经济的不断发展，国民素质不断提高，在国民素质提高的同时对教育越来越重视，不仅要让孩子们享受到高等教育，更重要的是要开阔孩子们的视野，提高孩子们的阅读量。因此，少儿图书馆应该充分发挥其应有的作用，为少儿提供良好的阅读场所并且提供良好的服务，亲子阅读成为一种时尚并且被广大少儿图书馆所采纳，通过开展亲子阅读对发挥少儿图书馆的阅读作用具有十分重要的作用和意义。因此，应该结合少儿图书馆的服务职能，拓展服务业务加强指导，确保亲子阅读取得良好的实际效果。

（一）亲子阅读的概念和内涵

所谓亲子阅读也可以称之为亲子共读，就是通过书为媒体，以阅读为纽带，让孩子和家长可以共同来进行阅读，亲子阅读是学生早期阅读的重要组成部分，不仅能够有效地活跃少儿的大脑，帮助少儿开阔视野，丰富想象力，另外也能够积极地加强少儿和家长之间的沟通和交流，实现良好的互动，促进亲子感情的培养，在这一过程中也能够实现自身素质和家庭教育质量的不断提升，所以开展亲子阅读具有十分重要的作用和意义，为了充分发挥其作用，需要少儿图书馆为其提供良好的场地将亲子阅读活动落到实处。

（二）少儿图书馆开展亲子阅读活动的现状及优势

1. 现状

（1）活动辐射面狭窄

目前，虽然一些少儿图书馆已经认识到阅读对少儿成长的重要性，但由于资金不足，很少开展亲子阅读推广活动。此外，一些经济发达地区的少儿图书馆会组织亲子阅读活动，但活动对象仅限于城市的少儿及其家长。

（2）推广活动独立

虽然有很多少儿图书馆会组织亲子阅读活动，且向外进行推广，但这两项工作是相对独立的。目前，我国的少儿图书馆虽然开展了形式多样、内容丰富的亲子阅读活动，但是全国性的活动较少。而国外图书馆已经举办了多次全国性的阅读推广活动，并取得了很好的效果。我国图书馆应借鉴国外的经验，制订阅读推广计划，开展大规模的阅读推广活动，满足少儿的阅读需求。

2. 优势

少儿图书馆开展亲子阅读活动的优势主要体现在以下三个方面：首先，少儿图书馆作为社会公共文化教育机构，是对少儿进行综合性素质教育的重要阵地，能为少儿提供不同类型的书籍，让他们在不知不觉中养成良好的阅读习惯，能使他们养成良好的行为习惯，能提高他们的文化修养、语言组织及表达能力。其次，家长是孩子的终身引导者，通过亲子阅读能找到适合孩子的教育方式，用阅读引导孩子，更好地与孩子进行沟通，培养孩子终身阅读的意识。最后，成功的亲子阅读活动能让少儿在快乐的氛围中学到知识，也能让他们感受到家长的关爱，进而促使他们主动地走进图书馆并爱上图书馆。

（三）少儿图书馆开展亲子阅读服务的重要作用和意义

少儿图书馆通过开展亲子阅读活动具有十分重要的意义和作用，主要表现在以下四个方面：

第一，能够促进少儿良好的阅读能力及理解能力。由于学龄前儿童本身处在掌握语言的敏感期和关键期，因此为了迅速地促进少儿大脑的发育，通过开展阅读活动帮助幼儿掌握更多的语言，这就需要少儿图书馆充分发挥其社会文化教育的重要作用和职责，为孩子们提供良好的精神家园，由于少儿图书馆具备丰富的馆藏资源，能够满足不同少儿的阅读习惯，通过开展亲子阅读让孩子们潜移默化地养成良好的阅读习惯及阅读能力，在各种书籍的熏陶之下提高自身的阅读兴趣，并且进一步加强理解能力和阅读能力。

第二，有利于家庭掌握正确的阅读方式方法。凡事只有方法正确，才能够取得良好的实际效果，但是在实际的过程当中，由于家庭缺少专业知识，使得他们在阅读方面不能给予少儿正确的指导，通过少儿图书馆开展亲子阅读服务能够让孩子和家长一起阅读，在阅读中享受阅读的快乐和兴趣，并且可以培养亲子感情，最重要的是能够让家长们认识到如何进行阅读的方法和技巧，从而给孩子正确的指导，帮助孩子们真正地掌握阅读的方法。

第三，有利于社会教育的发展和家庭的和谐。通过在少儿图书馆开展亲子阅读服务，不仅能够充分发挥图书馆应有的作用，而且加强了社会和家庭之间对培养孩子阅读能力的交流，让家庭成员一起阅读，不仅能够培养孩子和家长之间的感情，让孩子的心灵得到父母和长辈的慰藉，更重要的是以阅读为纽带，能够为家长和孩子之间创造良好的沟通机会，从而促进家庭的和谐，通过开展这种亲子阅读活动让少儿图书馆也承担了教育孩子们的重要职责，有利于社会教育的发展。

第四，有利于少儿图书馆自身的发展。少儿图书馆通过开展这些活动不仅能够引起读者的参与，而且能够让社会对自身的职能更加认可，很多读者都采用在图书馆阅读的方式来学习，这样就为少儿图书馆带来了新的发展机遇，不仅能够得到社会的认可、政府支持，同时也促进了自身的不断完善。

（四）少儿图书馆开展亲子阅读活动的实践

1. 优化阅读环境

少儿图书馆为少年儿童提供了良好的阅读环境，是亲子阅读活动得以顺利开展的基础。硬件设施包括宽敞的馆舍、明亮的阅读空间、与少儿身高相符的桌椅、自动化检索系统、多媒体设备及Wi-Fi全覆盖。此外，少儿图书馆也要设置多功能阅读厅，满足不同年龄段少儿的阅读需求。少儿图书馆除了能为读者提供文献借阅服务外，还能为读者开展阅读推广活动。目前，很多大型少儿图书馆都会在特定的时间段开展不同类型的阅读推广活动，如亲子阅读、名家讲坛等，吸引少儿积极参与活动，激发他们的阅读热情。开展阅读推广活动是营造人文环境的重要方式，既能提高少儿对图书馆的关注度，又是促进图书馆发展的必然选择。

2. 制订亲子共读计划

少儿图书馆要想让亲子阅读活动得以顺利开展，就必须制订详细的亲子共读计划。少儿图书馆应根据少儿的年龄段，为他们提供不同类型的读物，并指导家长掌握引导少儿阅读的方法。同时，少儿图书馆应根据不同的节日，选择特定的阅读书籍，提高少儿的阅读兴趣。少儿图书馆还应为少儿构建交流平台，引导他们积极分享读书心得。少儿通过参与少儿图书馆举办的活动，不仅能将自己对读书的看法与心得体会分享给其他读者,还能将自己喜欢的书籍推荐给其他读者,进而推动阅读推广活动的持续开展。

3. 组织家长交流会

由于家长对孩子有非常重要的影响,如果孩子在亲子阅读活动中不愿意阅读,家长就可以进行示范引导,让他们把注意力放在图书上。家长可以根据孩子的性格特点及语言表达能力,制订针对性强的指导方案,促使他们逐步养成爱阅读的习惯。少儿图书馆应组织家长交流会,让家长互相交流引导孩子阅读的方式与方法。在这个交流平台上,家长能够获得更多教育孩子的方法。

4. 推广数字化阅读

少儿图书馆应将馆藏资源数字化,大力推广数字化阅读。如一些少儿图书馆专门设置了数字化阅读体验区,少儿及其家长共同操作电子触摸屏阅读图书或观看视频,实现影、音、视、听的融合,增强了亲子阅读的趣味性。数字化阅读为亲子阅读活动的开展提供了新的思路,也为亲子阅读营造了良好的阅读环境,促进了活动的向外推广。

(五)亲子阅读未来发展的思考

目前,很多少儿图书馆都设置了亲子阅读专区,大力推广亲子阅读,但仅仅依靠图书馆自身的力量是远远不够的,需要融合社会各方力量。亲子阅读是让孩子爱上阅读的最好方式之一,也是提高国民素质的重要途径。当父母与孩子共读一本书时,很容易会让孩子觉得读书是一件非常快乐的事情,进而更愿意自发地进行阅读。因此,亲子阅读需要社会各界给予足够的关注并贡献力量。

1. 加大推广力度

西方国家非常重视亲子阅读,已经将亲子阅读上升到国家战略,以提高国民的整体素质,且每年都会投入大量的资金,完善基础设施,提升服务质量,为亲子阅读营造良好的氛围,让少儿在良好的阅读空间中体会阅读的快乐。

2. 整合社会资源

为了从小培养少儿的阅读兴趣,引导他们养成良好的阅读习惯,为他们的终身学习奠定良好的基础,少儿图书馆应根据少儿的年龄特点,为他们提供合适的书籍,促使他们形成正确的世界观、价值观和人生观。同时,少儿图书馆应借助社会力量,整合社会资源,推动活动的持续开展。具体措施如下:①少儿图书馆与出版社合作。少儿图书馆负责制订活动方案,出版社负责出版与活动相关的图书,以满足少儿的阅读需求。②少儿图书馆与科技馆合作。少儿图书馆应摆脱传统的阅读推广模式,将图书中的知识用立体化的影像展示出来,吸引少儿积极参与活动,达到传递知识的目的。③少儿图书馆与剧团合作。少儿图书馆负责选择合适的图书,剧团负责将图书中的故事进行重新编排,用人物动作与布景融合的方式表现出来,少儿观看这些活动既能获取知识又能提高阅读兴趣。

3. 利用网络推广

随着科学技术的快速发展,网络已经全面进入人们的生活,不断改变着人们的生活方式和工作方式。因此,少儿图书馆应以网络为平台,借助网络优势与网络资源,促进亲子阅读活动的开展。少儿图书馆利用网络的方式主要包括以下四种:一是在多个发布书刊的网络中输入与亲子活动有关的关键词,搜集适合少儿阅读的书籍。二是在网络上向专业人员咨询活动中遇到的问题,由专业人员根据实际情况制订相应的方案,指导亲子阅读活动得以顺利开展,提高活动组织的有效性。三是将与亲子阅读活动有关的信息发布到网络上,扩大活动的宣传范围,以强化家长对亲子阅读的全面认知。四是建立亲子阅读的网络平台,将图书制作成音频或视频并发布到该平台上,少儿及其家长可以根据需求自主下载。

4. 尊重少年儿童的选择

阅读习惯需要从小培养,好的阅读习惯可使少儿终身受益。因此,亲子阅读活动是培养少儿阅读习惯的有效途径,但是,如果少儿图书馆提供的书籍或活动方式与少儿的要求不符,就会使亲子阅读活动失去原有的意义。为了满足少儿的阅读需求以及尊重少儿的选择,少儿图书馆在组织亲子阅读活动前,应预先在少儿中展开调查,根据调查结果决定图书的种类和活动的形式,并建立活动开展的长效机制。少儿图书馆在组织亲子阅读活动时,应适当加入创新元素,借鉴其他图书馆的成功经验,根据实际情况不断调整组织方案,尊重少儿,以服务少儿为宗旨,满足少儿及其家长的阅读需求。少儿图书馆应组织类型多样、内容丰富的阅读活动,增强活动的趣味性,达到吸引少儿及其家长积极参与的目的。少儿图书馆也应尊重少儿的选择,开展与他们年龄相符的活动,完善他们的心智,促使他们对正确的价值观有初步的认识。

5. 注重父亲的引导作用

我国的家庭教育模式主要是由母亲教育孩子,父亲只是在适当的时间进行指导。一般情况下,母亲负责打理孩子的生活,辅导他们做作业,帮助他们解决遇到的问题。但相关调查显示,孩子更希望得到父亲的照顾,希望父亲解答自己的疑惑。因此,每位家庭成员都应积极参与亲子阅读活动。不论是母亲还是父亲都有各自不可替代的作用,母亲陪伴孩子参与亲子阅读活动,会注重情感表达;父亲陪伴孩子参与亲子阅读活动,则会注重逻辑思维。亲子阅读可以培养少儿养成阅读的习惯,因此,少儿图书馆应积极开展亲子阅读活动,并加大推广的力度,充分发挥社会教育职能,营造良好的阅读氛围,为少儿提供合适的书籍,尊重少儿的选择,以期为家长教育孩子提供帮助。

五、少儿图书馆志愿服务

图书馆志愿者是图书馆读者服务工作的重要参与者和建设者，少年儿童图书馆招募和组织社会志愿者为读者提供更优质的服务成为大趋势。同时，少年儿童图书馆志愿者也有自己的特点，主要是其中未成年人志愿者占有相当比例，志愿者服务不仅给图书馆的服务平台增添了新鲜活力，促进了发展，也引发了社会的广泛关注。

（一）定义

在西方，志愿者是指不受私人利益的驱使、不受法律强制，基于某种道义、信念、良知、同情心和责任感，为改进社会而提供服务、共享个人时间、才能及精神，而从事社会公益事业的人或人群。在我国，志愿服务是指任何人志愿贡献个人时间、精力、金钱及精神，在不谋求任何物质报酬的情况下，为改善社会服务和促进社会进步而提供的服务。

（二）我国少年儿童图书馆志愿者发展实践

目前，我国大部分少年儿童图书馆都开展了志愿者服务，从志愿者准入门槛来看，各馆对志愿者的年龄、服务时间和服务能力均做了相应的要求，如从年龄要求来看，国家图书馆要求10～15岁，长春市少年儿童图书馆要求10～60岁；南通市少年儿童图书馆要求16～50岁，杭州少年儿童图书馆要求8周岁以上。

从志愿者服务内容和职责来看，涉及的大都是一线业务工作，如读者服务、读者宣传和教育、图书整理和流通等，其中服务内容、职责与志愿者的服务条件和能力密切相关。目前而言，大部分图书馆都会涉及这两个方面，同时招收一些辅助型服务的志愿者和技能型服务的志愿者，而在读大学生志愿者介于这两者之间，既愿意进行常规的岗位协助工作，进行辅助型服务，又有一定的技能和特长，具备开展技能型服务的条件，深受各馆的欢迎。

（三）有效开展志愿服务的必要条件

1. 少儿图书馆志愿者必须具备良好的文化素质和心理素质

图书馆业务专业性较强，要求少儿图书馆志愿者在具备一定的文化程度、专业特长和组织协调能力的基础上，不仅要具备图书馆专业知识，能为读者提供文献借阅、文献整理等一般性的服务，提供少儿教育、儿童培训、儿童心理咨询等方面的服务，而且要掌握和小读者沟通、交流的技巧，与家长沟通的技巧。另外，少儿图书馆工作服务性较强，志愿者还应有良好的心理素质，对小朋友和蔼、耐心，对急性子的家长能冷静、理性地处理突发情况。

2. 应当为志愿者提供良好的工作环境与便利

少儿图书馆的人文环境与物质环境对图书馆志愿者活动的开展有着直接的影响。图书馆应该为志愿者服务活动提供良好的条件,诚心帮助志愿者解决服务中遇到的各种问题和困难,给他们提供工作上的便利,并不断地提升和激励他们的工作热情,保持他们的活力与创新精神,使每一位志愿者都热爱少儿图书馆、乐于为图书馆做贡献,从而保证志愿者的活动得到良性发展。

(四) 重大意义

1. 有助于提高少儿图书馆的服务质量

一方面,通过志愿者的热情服务,加大了少儿图书馆的宣传力度,保证了对读者、家长的意见、建议的及时答复、解释,从而改善和提高了图书馆的服务质量;另一方面,志愿者本身也是图书馆的读者,能够向图书馆提出善意的、更有建设性的批评和建议,促进图书馆业务工作的发展。

2. 有助于少儿图书馆事业的稳步发展

少儿图书馆不仅需要图书馆专业方面的人才,还需要计算机、教育学、心理学、管理学、外语等多学科的人才。现有的少儿图书馆由于受条件的限制,图书馆的人员结构配备也不尽合理,志愿者来自不同的行业或不同专业,其中不乏各行业的专业人才,他们在参加志愿者活动的过程中,能弥补图书馆人员知识技能结构上的欠缺,同时也把自己的良好作风和奉献精神带到图书馆,为图书馆注入新鲜活力,促进少儿图书馆事业的发展。

3. 有助于提高少儿图书馆的知名度

不同行业的志愿者通过参加少儿图书馆的服务及管理工作,借此可以更加了解少儿图书馆的性质、作用及所面临的困难,通过他们的宣传,有助于提高少儿图书馆的知名度,让社会公众进一步了解少儿图书馆,加强社会对少儿图书馆的理解与支持。

4. 有助于缓解少儿图书馆工作人员、经费不足的压力

近年来,少儿图书馆读者服务量不断增大,有限的工作人员和事业经费促使读者需求与图书馆服务之间的矛盾日益显现。志愿者队伍作为一支主力军充实到图书馆相关服务领域中,既能弥补人手不足,又能节省外聘人员的开支,可谓一举两得。

5. 有助于志愿者自我提高

一是奉献社会,呈现爱心。志愿者通过参与志愿者工作,有机会为社会出力,尽一份公民的责任和义务。志愿者在少儿图书馆可以通过与小读者和家长的互动,体验为人父母的快乐与艰辛,增强做人的社会责任感,少年儿童的天真无邪也给

志愿者带来了无穷的快乐和人生感悟。二是丰富了自己的生活体验。志愿者利用业余时间，参与一些有意义的社会工作和活动，既可扩大自己的生活圈，也可亲身体验社会上的人和事，加深对社会的认识，这对志愿者自身的成长和提高是十分有益的。三是给自己提供了学习的机会。志愿者可在参加活动的过程中学习新知识，弥补知识结构的不足，增强自信心，提高适应社会的能力。四是有助于培养吃苦耐劳的精神，树立无私奉献、为人民服务的人生观、价值观，成为对社会有用的人、受他人欢迎的人。

（五）志愿者活动内容

1. 公益性少儿图书馆读书活动

少儿图书馆会经常性地举办一些大型的、公益性的少儿读书活动，旨在引导少年儿童好读书、读好书，提高全民族的文化素养，促进整个社会的文明与进步。通常其主题内容十分广泛，十分贴切少年儿童的特点，活动的内容丰富、形式多样、情趣盎然、生动活泼、不拘一格，很受家长和孩子们的欢迎，也为社会所赞誉。志愿者可全程参与其中，涵盖活动主题策划、组织策划、内容策划、包装策划、宣传策划等。

2. 导读活动

针对少年儿童年纪小、文化层次低下、是非辨别力不强、好动的一些主要特点，通常会组织专业人员对小读者进行阅读辅导，对初到图书馆的小读者详细介绍图书馆馆藏构成，馆藏的分布，如何查阅、检索所需要的文献等。

3. 为社会特殊群体服务

所谓特殊群体是指社会上的弱势群体，它是指生活在社会最底层的人群。如无收入的下岗职工子女、孤儿、农民工的子女、弱残疾的儿童等。社会要关注弱势群体，图书馆要为他们提供无偿的知识援助。少儿图书馆以关爱弱势群体中的少年儿童为己任，应以送书上门、组织他们来图书馆学习，开展读书活动等方式，为他们提供力所能及的帮助。志愿者可以为图书馆提供帮扶子女的对象资料，确定帮扶对象，也可以参与帮扶的活动中。

4. 少儿图书馆宣传服务

少儿图书馆可吸纳新闻从业人员为图书馆的志愿者，通过他们向社会宣传图书馆新的社会功能、新的举措，呼吁全社会支持和帮助少儿图书馆的建设与发展，也让社会公众更多地了解少儿图书馆，让更多的孩子走进少儿图书馆、利用少儿图书馆，从而提高少儿图书馆在社会上的知名度，同时也赢得社会的理解与支持。特别是少儿图书馆经常性地举办的公益性的大型读书活动，有了媒体的宣传、推动，才会吸引更多的孩子参与，进而审视活动的效果，引起相关领导的重视，给少儿图书馆造就良好的生存环境。

5. 参与少儿图书馆服务质量监督工作

少儿图书馆可授权志愿者对少儿图书馆的服务质量和服务工作态度进行检查监督。采取发放读者问卷表、举办读者新春茶话会、设立读者意见箱、定期到对外服务部门开展服务质量检查等多种方式，帮助少儿图书馆收集、整理、反馈读者的意见与建议，协助做好读者的答复、解释工作。

6. 基础业务服务

每逢双休日、节假日少儿图书馆的读者和家长倍增，常出现工作人员人手不足的情况，此时可以安排经过业务培训的图书馆志愿者充实一线岗位，从事文献借阅、图书修补、图书上架、阅读辅导等基础性的业务工作。

（六）存在问题

1. 缺乏志愿者活动的经费保障

目前我国志愿者活动的经费来源渠道较为有限，资金总量也较为缺乏，在少儿图书馆中，志愿者的活动经费主要来自各图书馆"免费开放服务"的经费，甚至有一部分图书馆用的是日常办公经费，很少有专项经费。而国外志愿者组织的活动经费主要来自政府拨款、社会捐赠和个人资助，稳定的经费来源保障了志愿者活动的开展。

2. 日常管理机制不完善

不少图书馆的志愿者招募、培训和管理由多个相关部门共同承担，职能划分不清，管理分散，不成体系。

3. 缺乏有效的激励保障

志愿服务是出于个人意愿的自发行为，值得肯定和鼓励。目前图书馆针对志愿者群体缺乏相应的激励措施，难以激发他们进一步参与的热情和积极性，尤其是学生志愿者往往浅尝辄止，不容易发挥公共图书馆志愿者培养的社会教育职能。

4. 对于志愿服务定位不清

少儿图书馆的主要工作是服务少年儿童读者，为少年儿童读者提供阅读便利，由于工作服务对象特殊，工作人员也必须有一定的专业素养和沟通表达能力。而少年儿童的特点是活泼好动，不像成年人一样能够长时间专注于某一本书，同时少年儿童的阅读能力有限，不同年龄层的儿童的识字、识图能力还不同。因此少儿阅览室需要相关工作人员进行一些朗读、小组活动等娱乐项目，这就需要一定数量和专业素养的工作人员。目前少儿图书馆更多的是发挥现有工作人员的作用，很少把目光投向社会志愿者，对社会志愿者的作用认识不清晰，定位不明确。

（七）工作建议

1. 建立志愿服务激励制度

表彰和奖励机制对于促进图书馆与社会力量之间的良性互动，提高公众参与图书馆建设的荣誉感和成就感，吸引更多社会力量投入公共图书馆服务体系建设，具有良好的促进作用。目前，我国图书馆对志愿者的激励方式比较单一，主要侧重于精神激励，如发放志愿者证书和表彰。而国外一些图书馆会向志愿者发放交通补贴和午餐费，并为按规定完成服务的志愿者提供便利和各种证明用于升学、就业等。建议为志愿者制定多种形式的激励机制，激发志愿者更好地服务社会，创造更多的社会价值，吸引更多的专业人才加入到志愿者队伍中来。

2. 规范管理，加强长效机制建设

少儿图书馆必须坚持对志愿服务工作进行有效地管理，通过建立一整套长效工作机制，规范基础工作，从而更好地开展高效、优质的志愿服务。健全招募工作机制，规范选拔标准，认真做好志愿者发展和组织协调等工作；健全培训工作机制，制定志愿者培训工作标准，加强队伍建设，针对不同的志愿服务内容，开展培训，可通过外聘专家专题培训、与兄弟单位交流探讨等多种方式，促进志愿者专业工作能力、服务水平的提高；完善工作例会制度，邀请志愿者骨干参与，总结部署工作，并倾听志愿者的意见和建议，了解志愿服务过程中存在的问题和不足，及时予以解决。

3. 加强立法，保障志愿者权益

在一些发达国家，对志愿服务有完善的法规，并有一定的激励措施，而我国关于志愿服务工作的法律法规及志愿者权益保护的立法还不完善，很多志愿活动也不够规范。目前，仅广东、山东等省份出台了相关地方法规。因此，尽快出台相关的法律法规势在必行，在促进志愿服务良性发展的同时，保护志愿者的权益，只有这样，少儿图书馆的志愿服务事业才能得到持续发展。

4. 创新志愿服务项目打造知名品牌

根据各类型志愿者特点因地制宜开发多层次服务项目，破除志愿服务项目活动单一化、同质化、未能形成自身持续品牌的问题。充分了解服务对象的实际需求，让志愿服务活动更贴近生活，利用志愿者的专业特长，挖掘其潜能，从而创新服务内容，做到人尽其才。要着力突出图书馆志愿服务的品牌效应，通过品牌体系构建带来人力资源的保障，用品牌的人气带来志愿者队伍的不断壮大和提升。

六、少儿图书馆微课服务

（一）少儿图书馆微课服务概述

1. 微课概述

"互联网+"时代，信息网络和各种终端发展迅猛，微课作为一种新的教学方式和教学理念也得到了越来越多的关注和应用。微课是利用微课平台以短小的微视频形式讲授单一知识点的教学活动，结合相关辅助功能可以加深和强化知识点的学习效果。

2008年，"微课"概念被正式提出。微课具有短小、课程形式多样、自主性强等特点，目前已被广泛运用到教学活动中。从呈现方式上来看，微课以短小的微视频通过微课平台呈现在计算机、手机、平板电脑等终端设备上；从微课的内容构成来看，课程时间一般在10分钟以内，有些课程时间也会达到15~20分钟，包括微课课程视频、课程教案、课件、测试、个人课程管理、交流互动、反馈评价等相关配套资源；从微课的教学方法来看，它可以针对单一知识点进行深入讲解，这是与传统课堂教学最大的不同之处；从微课的资源利用情况来看，微课是可共享的教学资源。微课视频的观看学习和配套资源测评、交流等学习过程都在微课平台完成，学生可以不受时间和空间限制完成知识点的学习。微课是一种碎片化的自主学习形式，其泛在化的利用方式更好地满足了学生的个性化学习需求。

此外，微课平台具备交流功能，学生与教师可以通过"翻转课堂"的形式进行交流，这种交流有助于学生完成自主性学习。

2. 少儿图书馆微课服务范畴界定

微课课程本身属于碎片化教学模式课程，其最大的不足之处是缺乏知识内容的体系性讲授。少儿图书馆提供的微课课程应作为课外辅导性教学内容，主要培养少儿的学习兴趣、思维方式和学习能力，通过系列性知识的学习能够满足少儿对自身兴趣爱好和知识面的拓展需求。

3. 少儿图书馆微课服务受众用户概述

少儿图书馆微课服务面向的用户群体不应局限于少儿，也应该包括家长和教师。在微课平台设计方面，图书馆可以通过卡通图片等方式对碎片化的微课知识点进行呈现，这有利于在一定程度上提高少儿的学习兴趣，降低他们的使用困难，而这个过程需要家长和教师进行正确的指导。

（二）少儿图书馆提供微课服务的可行性分析

随着互联网的快速发展及新技术的应用，资源和服务的类型更趋于多样化，少儿图书馆应鼓励少儿利用多媒体技术提高他们的信息素养。为少儿提供休闲、娱乐、学习的"第三空间"是少儿图书馆未来发展的目标和趋势。微课能够为少儿服务提供新的学习思路和学习方法：①少儿行为习惯的改变需要少儿图书馆提供新的服务形式。在日常生活中，随处可见熟练使用智能手机、平板电脑等数码产品的少儿，他们获取信息及阅读的习惯已经发生改变。他们的学习方式也不再局限于传统的课堂教学，微课的全新教学方法和理念能够适应并满足数字时代少儿的学习习惯和学习需求，激发少儿的学习兴趣。②短时间的微课教学形式与少儿注意力的特点相适应。学习是需要集中注意力的活动，对不同年龄段的少儿而言，他们集中注意力的时间是不同的，并且随着少儿年龄的增长而不断增加。5岁以下少儿集中注意力的时间在10分钟以内，5～7岁少儿集中注意力的时间约为15分钟，7～10岁少儿集中注意力的时间可达20分钟，12岁以上少儿集中注意力的时间则可超过30分钟。与成年人相比，少儿在学习过程中的注意力集中时间显然是较为短暂的。微课碎片化的教学形式，有助于使少儿在注意力相对集中的时间内完成学习内容。③少儿图书馆具备资源和平台优势。微课不仅需要一定的平台来承载课程资源和各种配套功能，还需要提供与课程相关的各类辅助信息资源，同时需要教师或专业人员讲授课程。丰富的信息资源和数字图书馆平台能够为微课提供课程资源支持，专业的图书馆工作人员或馆工作人员与教师合作设计的微课课程能够为小读者提供丰富多彩的微课内容。

（三）少儿图书馆微课服务建设要素

1. 少儿数字图书馆微课服务平台

微课服务平台是少儿图书馆提供微课服务的重要组成部分，也是微课各组成要素（如视频、配套资源和服务内容）的综合载体，它应该以卡通等趣味方式呈现出来，引导小读者进行自主学习。微课服务平台同时也需要提高家长的参与度，在构建微课服务平台时可将家长参与板块加入其中，加强家长和孩子的互动。小读者和家长可以不受时间和空间的限制，随时在有网络接入的地方使用微课服务，并根据自身情况学习知识、交流学习心得。

2. 实体馆微课平台终端

在实体馆中，图书馆可以利用终端机为到馆的小读者提供微课服务，具备卡通外观设计元素的终端机器能够激发少儿知识探索方面的兴趣。图书馆工作人员也可以对家长进行相关的讲解，让他们对少儿的学习进行引导，同时，图书馆工作人员可以为小读者提供面对面的答疑解惑。此外，图书馆也可以开展某些课程的课外拓展活动。

（四）少儿图书馆微课服务平台构建策略

1. 少儿图书馆微课服务平台内容建设

(1) 微课视频内容建设

少儿图书馆微课视频内容可分为少儿通识课程和各年龄段课程。少儿通识课程是可以供各年龄段少儿学习的知识内容，如传统美德教育、历史故事、地方风土人情习俗普及、最基础的信息素养教育等。能够让各年龄段小读者接受的课程内容，主要以科普和培养少儿的德育素质为主。图书馆需要根据不同年龄段少儿的学习能力、知识结构、思维方式和理解能力等区分各年龄段微课课程，即根据不同年龄段少儿的知识结构和学习能力特点，安排不同难度的微课课程。微课课程有实验类、活动类、解题类等多种课程内容类型，新颖的课程类型和较高的参与度能够提高少儿学习的主动性。对于较为专业的课程，如学龄前少儿的各科辅导性微课课程，图书馆可以通过与教师合作的方式录制课堂授课视频，或者根据教师提供的课程教案和内容制作相关动画或多媒体课件，以便于少儿理解和接受。

(2) 微课配套资源建设

除了视频课程，微课也需要有相应的配套资源，如微课课件及教案、课后测试、咨询交流平台等。微课课件和微课教案是对微课课程设计的总结和归纳，能够明确课程的重点和难点；课后测试是对少儿知识点学习理解和掌握程度的测验，可以帮助他们进一步加深理解，提高学习效果；咨询交流平台用于教师与学生之间的答疑解惑；个人微课管理主要是用户个人学习进度管理、学习计划制订和课程资源下载管理等方面的管理，便于少儿进行体系性学习。对于年龄较小的学龄前少儿，他们应在家长、教师或馆员的指导下进行微课学习。此外，图书馆可以鼓励小读者们在馆员、教师和家长的辅导下，自己创作微课视频并上传到微课平台，这不仅可以让小读者与其他人分享自己的学习成果，而且也可以更好地提高少儿的自主学习能力。

2. 少儿图书馆微课服务平台形式建设

(1) 微课内容呈现形式

微课视频可以通过课堂讲课的形式加以呈现，也可以通过多媒体动画的方式加以呈现。学龄前少儿的微课视频、通识类课程视频、科普和信息素养类课程视频等如果加入卡通元素，将更符合少儿的心理特征，能让小读者们更有兴趣学习知识。

(2) 微课平台呈现形式

少儿图书馆微课平台应降低操作难度，简化操作界面，比如可以用语音和文字相结合的形式提醒小读者进行相关操作。微课服务平台也需要提供一站式检索功能和资源导航，以方便小读者查找微课视频和各类配套资源。

通过构建少儿图书馆微课服务平台，为远程在线和到馆的少儿提供微课服务，能在一定程度上解决地区间少儿图书馆服务覆盖不均的难题。少儿图书馆提供微课服务能够满足少儿的学习需求，有利于培养他们的自主学习能力。因此，少儿图书馆应注重微课的设计及制作，为小读者提供更加多样化的选择。[①]

第二节　少儿图书馆阅读服务思维

一、服务思维

（一）服务思维概述

服务思维是人类众多思维的一种，是指人们从事服务活动的主导思想，它反映了人们对服务活动的理性认识，是各种服务活动的核心，是服务组织在创造价值的过程中，对客户或服务对象的服务原则、服务态度、服务方式的集中体现，是服务组织规范服务人员心态和行为的准则，同时也是服务组织提供给顾客能满足其某一种或某几种需要的服务的功能、效用。顾客购买、体验某种服务，并不是为了"拥有"这种服务，而是利用这种服务来获得这些功能和效用。通俗地讲，服务思维是指服务组织用语言文字在单位内外公开传播的、一贯的、独特的和以顾客为导向的服务主张和服务理想。

服务思维主要包括宗旨、精神、使命、原则、目标、方针、政策等。宗旨是服务组织建立的根本目的和意图，使命是服务组织在社会经济发展中担当的任务和责任，目标是服务组织运行和发展预期达到的境地或标准，方针是服务组织在经营管理上总的发展方向或指导思想，政策是服务组织在处理内外关系或配置资源时所提出的有重点、有倾向性的观点及实施方案，原则是服务组织在其行为中恪守的准则或坚持的道理，精神则是服务组织较深刻的思想或较高的理想追求或基本的指导思想。在服务思维中，"宗旨"和"精神"的思想层次较高，但比较抽象，缺少操作性；"目标""方针""政策"较具体，比较容易操作，但思想层次相对较低；而"使命""原则"的思想层次操作性介于上述两组思维之间。服务思维在实践活动中存在外显化与内隐化两种形态。

内隐化的服务思维是指能够和实践相统一的服务思维，已经成为一种组织文化，此时"服务"二字深深地扎根于服务组织所有人员的内心深处，虽然不一定能够清晰地意识到，但却时刻支配着他们的行动和行为，使其能够和"服务"保持高度的一致，使其能够忠于职守，踏踏实实地为社会和顾客服务。外显化的服务思维是指与实践相脱离的服务思维，是口号式的只说不做的服务思维。实际上它并没有真正深入服务组织人员的内心深处，还仅仅处于一种很肤浅的表面层次，

---

①孙威.少儿图书馆理论与实践［M］.长春：吉林科学技术出版社，2019.

并不能很好地支配他们的行动。例如，很多图书馆和图书馆工作人员可能都认识到，我们的职责就是全心全意为用户服务，但在其实际工作当中，却往往置用户的根本利益于不顾，经常出现一些违背用户利益的事情。消费者需求在有形产品中可以转变成具体的产品特征和规格，同时这些产品特征和规格也是产品生产、产品完善和产品营销的基础。但是服务产品是不具备这些具体的规格的。因而服务企业需要明确"服务产品"的本质或"服务思维"。

服务思维时需要考虑以下方面：

（1）服务最终是由雇员提供的，特别是由那些与消费者发生交互作用的雇员所提供，所以服务企业的服务思维在满足消费者需求的同时还要满足雇员需求。从这个角度上讲，服务思维必须包括一套经由多数雇员同意的通用价值观。

（2）服务企业在定义服务思维时还需要在服务设计、服务递送和服务营销方面做出以下努力：保证充足的商品补给；保证商品种类繁多；雇佣称职员工；将店址选择在交通便利的地段等。很多企业在定义服务思维时都包含了"提高雇员自尊，增强雇员满意度，加快自我发展，提高服务灵活性"等内容。服务企业在要求雇员尊重消费者的同时，应要求雇员增强自尊，增强对工作的满足感。所以，服务企业在定义服务思维时，必须考虑服务思维对雇员技能和雇员性格的要求。

（3）服务企业在定义服务思维时，必须保持服务系统中前台和后台的一致性。单纯地考虑前台的需要，而忽略了后台要求的服务思维绝不是成功的思维，反之亦然。

除了上述因素以外，服务思维还要能明确地表达出服务企业需要雇员提供什么标准的服务，消费者期望获得什么标准的服务。

服务思维在服务活动中发挥着以下作用：

一是有利于服务的有形化。服务组织的服务思维作为一种思想，一般都以语言文字的形式向顾客公布和传达的，而语言文字是"有形"的信息，因此，"有形"的服务思维有利于无形服务的有形化，而且思维本身正是服务有形线索所要提示的主要内容。但如前文所述，服务思维的"有形化"本身是不够的，还必须内化在人的思想深处，成为一种自觉意识。

二是有利于体现和建立服务特色。策划、设计出比较优秀的服务思维往往是独特的，有个性有特色。例如，深圳南山区图书馆程亚男同志提出的"关爱、无限完美、超值"的服务思维颇有特色，给社会与读者以深刻的印象。

三是有利于发挥服务组织人员的工作积极性和创造性。服务思维的一部分是针对服务组织内员工，用于激励他们，这就能起到某种程度政治思想工作的作用。同时，服务思维还能统一全体员工的思想和心态，而服务行为正是来源于员工的思想和心态，因此，思想和心态的统一有利于整个服务组织服务行为的统一。

四是有利于监督服务组织员工的服务行为。既然服务思维的一部分是针对服务组织员工的，并且是向顾客公布和传达的，因此服务思维一方面能对员工的服务行为起到某种警示作用，另一方面还能引导顾客对员工服务行为的监督。

服务思维具有公开性、传播性、一贯性、独特性、以顾客为导向性五项基本特征和前瞻性、继承性、挑战性、竞争性和深刻性五项一般特征。

服务思维的核心可以归结为顾客导向的观念，即一切服务主张和服务理想都可以和应当归结为最大限度地满足顾客的期望和要求。既然是顾客导向的，服务思维就没有必要隐瞒，应当向服务组织内外公开，让尽可能多的人了解，以体现服务思维的真诚。服务思维既然是公开的，就离不开公开的手段——传播。好的服务思维是适合传播和有传播效果的思维。服务思维的一贯性体现它在相当长时间内是比较成熟的、稳定的，是一贯的主张或追求的理想，不是心血来潮，不是稍纵即逝的思想火花，也不是随意改变的主意。服务思维都是人倡导的，而人是有个性的，这种个性就会融合在他所倡导的思维之中，并通过思维的独特性表现出来。服务思维从根本上讲来源于顾客期望，顾客期望的动态性和变化性的特点和服务思维对工作的领导地位要求服务思维必须具备前瞻性，而且服务思维也必须继承传统服务中合理、正确的部分，并在继承的基础上进行思维创新。服务思维是对服务理想水平的一种描述，但理想水平总是高于现实水平的，因而具有挑战性。倡导服务思维的主要目的是指导服务组织在激烈的市场竞争中用更优秀的服务去争夺顾客与用户，服务思维是有竞争意义或战略意义的。服务思维是用于指导服务行为的，但服务思维只有深刻，即抓住人心，才能打动人心并化为员工自觉的服务行为。

在倡导服务思维的过程中，优秀的服务组织领导人应高度重视身体力行和用自己的言行去感染和带动全体员工，使大家都接受组织的服务思维。

（二）服务思维的重要性

首先，服务思维对服务管理具有极其重要的意义。在工业部门中，产品的制造者、生产者、分销者很少有机会直接接触消费者，他们仅能通过最终的有形产品间接地影响消费者的需求。服务部门却不然，服务递送系统与雇员都属于服务产品不可分割的一部分。服务递送系统包括雇员能力、雇员表现、雇员态度等因素，它与雇员都直接影响消费者需求的实现。从这一角度来讲，明确服务思维对服务管理具有指导意义。

其次，服务思维容易被人曲解。原因有两个方面：第一个原因来自雇员本身。服务无处不在，加上服务业中雇员的行为，特别是前台工作人员的行为又具有一定程度的自主性，这两个因素共同作用使得雇员的行为、态度等发生不同程度的变化，这些变化在一定程度上影响雇员理解和推行服务思维。第二个原因来自消费者本身。为了避免发生类似的情况，服务企业需要尽量明确定义本组织的服务思维，明确本公司的服务思维对于消费者和雇员的具体意义。服务企业要想成功推行服务思维，有三点需要特别注意：市场细分、定位消费者目标市场和创新服务递送系统。

1. 市场细分

消费者不同，他们的需求和期望就不同。因此，需要对消费者市场进行分析，细分出不同的消费者分割市场。每个分割市场还可以根据不同的消费者需求层次再细分为若干子市场。一个消费者分割市场要尽量与其他消费者分割市场区别开来，并予以区别对待。

2. 定位消费者目标市场

每个细分市场中的消费者需求都存在明显的不同，服务企业在提供服务时也要有相应的变动，尽量为顾客量身定做。公司在分析不同的消费者细分市场时，必须注意到以下两个因素：细分市场的整体吸引力及其在服务组织中的竞争力。

3. 创新服务递送系统

服务的本质决定了消费者需求和雇员需求的变化都很大，一个明确的服务思维要有独创性，否则就很难满足具有变化性的服务递送系统的需要。麦当劳快餐店、地中海俱乐部等都是服务业中"创新型公司"的典型，这些公司拥有规范的消费者细分市场，并严格按照各个细分市场中消费者的不同需要或期望来设计服务。创新服务递送系统面临的主要问题有：如何保持服务递送系统中不同组成要素之间的连贯性，如何保持服务递送系统时间上的连贯性。

二、图书馆服务思维的概念

现代图书馆服务面对新的环境和新的需求，必须树立新的思维。对图书馆来说服务思维的树立与创新不仅是自身发展的需要，同时也是应对网络环境下各种挑战的竞争要求。图书馆服务思维是指导图书馆服务工作的基本方针，是图书馆整体工作思维的主要组成部分，是图书馆用户服务原则、服务态度、服务方式的集中体现。它是长期在图书馆服务工作实践的基础上总结出来的，反映了图书馆服务的客观发展规律，是图书馆服务工作的前进方向、奋斗目标、理论依据和行动准则。

图书馆服务思维是图书馆主体在图书馆工作实践中，从图书馆产生的服务性出发，对一系列图书馆问题形成的总体看法。所谓"图书馆服务思维"就是服务的自身定位问题，也即为谁服务和怎样服务的问题。图书馆服务的形式经历了从封闭到开放、从面对面到远程、从定时到随时、从无偿到有偿、从局部到全球、从被动到主动、从信息到知识等一系列的转向，并且呈现出了多种服务并存、手段与方式不断更新与拓展的态势，与图书馆服务方式和内容同步演变的，便是图书馆新的服务思维的形成和不断更新。快速变化的图书馆服务方式和手段，必然引发图书馆服务思维的转向，进而引发服务思维的创新。其主要观点有：文献信息服务是图书馆的基本产出，读者和用户是图书馆的直接顾客，不断满足读者和用户明确的或潜在的知识信息需求是图书馆改革和发展的落脚点。

图书馆的社会价值是通过服务来体现的。近年来随着我国社会的进一步转型，"服务"的概念和范围发生了一些变化，表现为：读者服务的模式从"以藏书为轴心"向"以读者为轴心"转化；读者服务的对象从"图书馆读者"向"社会读者"延伸；读者服务的范围从"图书馆服务"向"资源共享服务"拓展；读者服务的内容从"传统馆藏提供"向"电子信息资源存取"发展；读者服务的重点从"一般借阅咨询服务"向"电子信息咨询服务"转移；读者服务的手段从"传统手工操作方法"向"综合文献技术应用"发展；读者服务的功能从"单纯文献传递服务"向"多元化信息服务"扩展；读者服务的观念从"无偿免费服务"向"有偿收费服务"转变等。

图书馆服务思维的第一特征是鲜明的选择性，在现实条件下，图书馆成了图书馆服务产品的提供者，广大读者（用户）成为图书馆服务产品的利用者和消费者，他们有权选择图书馆服务。图书馆服务的选择性蕴含着图书馆供方的竞争。因此，作为文献信息服务提供者的图书馆，在读者（用户）自由选择利用图书馆的竞争机制下，必须努力提高服务质量和品位，为社会提供优质的服务以满足读者（用户）的需要。

图书馆服务思维的另一特征就是层次性，读者（用户）有不同层次的"消费需求"，图书馆必须区别对待，分层服务。

第三节　图书馆服务思维的演变

思维的演变是变革行动的先导，没有现代图书馆思维，图书馆的服务就难以更新，走不出墨守成规的困境，因此，要树立和强化与知识经济时代发展相适应的现代化图书馆思维，这是图书馆不断发展及图书馆工作人员实现自我更新的前提条件。

多年来，我国大多数图书馆的服务思维可以简要地概括为"藏、封、守、旧"，这是在一定发展阶段，科技水平、社会意识和传统习惯等多种因素共同作用的结果，即将藏书、馆藏信息作为图书馆的主体，并成为读者服务的唯一物质基础；只面向本单位的读者（用户），封闭的服务思维削弱了图书馆的交流和社会功能，阻碍了图书馆服务宗旨的全面实现；图书馆为读者提供的是"等上门，守摊式"的服务，实质上是被动的服务；多数图书馆依旧作为借书和藏书的场所，忽视了图书馆作为学习场所的功能建设，在提高图书馆服务质量的同时，忽视对读者的尊重，忘却了为读者提供人性化的服务。近现代意义上的图书馆从19世纪50年代开始，在一百五十多年的发展历程中，孜孜以求的服务思维随着时代和社会的发展而不断发展。图书馆学界已经达成"服务是图书馆的宗旨"的共识，明确了图书馆在本质上就是一个服务机构，承认和坚持这一点有助于图书馆的正确定位，并可通过优质服务获得更高的社会地位。图书馆服务是衡量图书馆办馆水平的主要指标，是图书馆工作的核心。近年来，关于网络环境、知识管理、知识经济时代图书馆服务的文章很多，一些新的服务思维值得关注，这些服务思维主要有"以人为本"的信息服务、集成化信息服务、平等的信息服务等思维。通过对图书馆服务思维历史演变过程的梳理与回顾，可以看出，伴随构建和谐社会理论研究的新的图书馆服务思维——和谐服务思维将成为图书馆学界的新焦点。

（一）杜威的图书馆读者服务"三适当"准则

19世纪下半叶，图书馆学在美国得到巨大发展，卡特和杜威是其中一批卓越的图书馆学家的代表。1876年，美国著名图书馆学家杜威提出图书馆读者服务"三适当"准则，即"在适当的时间，给适当的读者，提供适当的服务"。这条准则将图书馆资源的选择、提供与图书馆服务结合起来，对确立图书馆的服务思维具有开拓意义。

（二）阮冈纳赞的图书馆学"五定律"

1931年，印度图书馆学之父阮冈纳赞在其所著的《图书馆学五定律》一书中提出了著名的图书馆学"五定律"，它们是：书是为了用的（Books are for use）；每个读者有其书（Books are for all）；每本书有其读者（Every book has its reader）；节省读者的时间（Save the time of the reader）；图书馆是一个生长着的有机体（A library is a growing organism）。第一定律"书是为了用的"，这是图书馆的基本法则，是图书馆开展一切服务工作的前提和存在的价值。它表明图书馆不仅具有收藏和保护图书的职能，更重要的是要使图书充分发挥它的作用。它彻底改变了传统图书馆以"收藏"为主的服务观念，确立了以利用为根本的服务宗旨，点出了图书馆工作职能的精髓。第二定律"每个读者有其书"，它改变了"书为特定少数人服务"的思维，提出了图书的社会化。阮冈纳赞认为应一视同仁地向每个人提供图书，所有人都享有看书、学习和享受的机会。这种坚持平等权利原则的主张，鲜明地体现了以人为本的服务宗旨，揭示了近现代图书馆服务的本质。这条定律也即"书为人人"。第三定律"每本书有其读者"，其基本思维是让每一本书都能得以适用，使每本书找到需要它的读者，强调的是图书馆的藏书应具有较强的针对性，能充分发挥效用。为此，图书馆应努力采取一切的手段与方式来"为书找人"。这条定律为图书馆开展读者服务提供了理论基础。可以说，它与第二定律从根本上确立了图书馆服务从"书本位"向"人本位"转变的基本思想认识。第四定律"节省读者的时间"，它强调的是图书馆服务的效率和效益，也就是说要改革管理方法，节省读者的宝贵时间。第五定律"图书馆是一个生长着的有机体"，它概括了图书馆的发展观，认为图书馆的发展不仅包括图书馆内部的藏书、读者和工作人员的不断发展，也包括由于客观形势的变化而引起的图书馆工作在深度和广度上的发展。这条定律对图书馆事业的可持续发展提出了理论依据。

阮冈纳赞的图书馆学"五定律"是对杜威图书馆服务"三适当"准则的继承和发展，深刻揭示了图书馆的使命、存在价值、发展机理和发展规律，强调了图书馆应以读者为中心、服务至上的思维和图书馆要适应社会需求的发展思想。这五条定律所体现出的"以人为本"的思想，对图书馆学的发展具有深远的影响，为确立现代图书馆服务思维奠定了思想基础，被图书馆界一直尊为经典理论。

（三）米切尔·戈曼的图书馆学"新五律"

1995年美国学者米切尔·戈曼（Michael Goman）在阮冈纳赞的基础上，又提出了图书馆事业的五条新法则，人们称之为"新五律"。其主要内容是：第一定律"图书馆服务于人类文化素质"，认为个人、团体及整个社会服务是图书馆工作最重要的原则，是图书馆工作产生、存在与发展的第一推动力。第二定律"重视各种知识传播的方式"，认为面对电子图书的冲击，应重视各种知识传播方式。因为每一种新的传播方式都是对原有传播方式负载能力的增强与补充。第三定律"明智地采用科学技术，提高服务质量"，认为要明智地将新技术与新方法成功地结合到现有活动和服务的过程中，充分利用科学技术的优势来提高服务的质量。第四定律"确保知识的自由存取"，认为图书馆应成为人类文化成果和知识的共同收藏之所，要努力保持向所有人开放，使所有人都有机会使用。第五定律"尊重过去，开创未来"，强调图书馆应在继承和发展传统服务的基础上，调整和变革图书馆服务的功能和意义，通过不断地创新，以发展的眼光看待未来，才能与时俱进，既保持自己的特色，又争取更美好的前景与未来，在时代发展中立于不败之地。

"新五律"是针对当今图书馆及其未来发展趋势而提出的，具有其鲜明的时代特征。它是对阮冈纳赞图书馆学"五定律"所蕴含真理的重新解释，它强调了服务的目标、质量，而且把服务的内涵提高到了人类文化素质，知识传播和对知识的自由存取的高度，指出随着时代的发展，科技的进步，信息环境用户的需求都在发生着变化,图书馆工作不断地出现新的内容,但服务仍是图书馆的最根本所在。

一、图书馆服务思维的基本内容

20世纪80年代中期,我国图书馆界提出了"读者工作是图书馆工作的出发点和归宿"的服务思维,对我国图书馆的服务工作起到了极大的导向性推动作用。

(一)"以人为本""用户至上,服务第一"的服务思维

从哲学的角度看,所谓的"以人为本",简单地说就是正确认识和处理人与其他生产要素的辩证关系,重视人的创造力及其主导能动和决定作用,将人作为"活力源",从而形成的关于人的科学思维。从知识的角度说,"以人为本"符合辩证唯物主义的认识论。作为图书馆来讲,人、财、物、文献管理信息开发服务纵然千头万绪,但一切是受人统帅和支配的,是通过人的工作和劳动去实现的。

在图书馆服务中,坚持"以人为本"的服务,指的是在服务工作中,不管何时何地,都要"用户至上,服务第一",要把"为一切用户服务""一切为了用户""满足用户的一切合理需求"作为图书馆服务工作的出发点和归宿。图书馆的社会价值是从满足用户需求中体现出来。一个图书馆办得好不好,其办馆效益、社会价值如何,主要以用户对图书馆的认识去衡量,要看他们对利用图书馆的希望程度,对服务项目和服务标准的信誉程度,对服务人员素质和服务水平的满意程度,对服务效果的认可程度。

图书馆工作以用户为主导,并在三个方面给予充分体现:一是用户对文献信息,即馆藏文献信息是否符合用户需要,馆藏的信息、知识量度,内容价值必须由用户做出判断;二是用户对图书馆员,即馆员的服务态度、服务能力、服务效果必须由用户来鉴定;三是用户对图书馆工作,即图书馆的各项业务建设、制度规章、服务项目及设施是否反映用户利益与要求,必须由用户加以评价。"用户至上,服务第一"的表述与商业市场提出的"顾客至上"或"顾客是上帝"没有本质的区别。可以说,用户既是"上帝",又是"主人翁"。为此,国内外许多图书馆将"用户至上,服务第一"作为馆训。为充分体现这一指导思想,图书馆采取成立读者工作委员会实施对图书馆工作的具体指导;定期向读者汇报工作,出版图书馆工作年报,如实反映取得的成绩和存在的问题,接受全社会监督;推行义工制,邀请读者中的积极分子义务协助图书馆工作等。

体现"用户至上,服务第一"的思维,还应该体现在尊重读者的阅读自由,不对读者设置不符合政策,不符合人权的障碍;不能愚弄读者,不能为了显示图书馆的"业绩"或某领导人的"政绩",不管社会需求和读者意愿,花样翻新,经

常搞具有轰动效应的宣传，读者并未获益，只是被当作宣传的玩物；不侵犯读者的著作权，因为任何作者都可能是图书馆的读者，有效地、合法地利用和保护他们的著作权，正是图书馆生存、发展的重要条件；用户利用图书馆的合法权益必须得到尊重，要提高服务的文明水平，绝不出现对读者的不恭用语，即使读者行为出现不轨亦不能采取"偷一罚十"等违法措施。事实表明，图书馆服务工作只有在实际上而不是在口头上确立读者是图书馆的主人翁地位，才能"一切为了用户"，真正做到全心全意为用户服务。

（二）重视服务成果的思维

服务作为智力劳动必然要产生成果。重视服务成果的观念对于强化服务的目的性非常重要。这具有两层意思：一是不仅把服务作为一个图书馆工作过程，更重要的是把它当作一个目的。既然是目的就得看重服务成果，这种成果包括服务活动中的工作成果和开发文献信息产品的成果。为此，服务工作自始至终都要具有需求观念，要经常性开展调查研究，并建立长期的反馈系统，不断改善服务，提高工作质量，争取获得最大的效益。而图书馆服务工作人员也务必改变"守门人"终日流于上班下班，不求效益、不思进取的状态。二是要重视服务成果而不异化服务成果。对图书馆服务成果要正确分析、对待，它是一个潜移默化的过程，有一定量的局限，不可能立竿见影，一般都由量变到质变。所谓异化用户的劳动成果就是将用户自身的努力、创造所取得的成就都归结于图书馆的服务，往往对此广为宣传，并向用户颁发"读书成果奖""读书贡献奖"等。目前，有一些图书馆为显示自己的服务成果，一些用户为获取殊荣及在图书馆得到相应的服务优惠条件，彼此需要的"双向动力"似乎使此项活动异常热乎。对服务成果的异化，也是对用户劳动成果的异化，应属"打假"之列，切不可作为提高图书馆社会价值的举措。重视服务成果必须树立科学、务实精神，以长期坚持不懈的努力，从优质而具体的工作成果和特色而有效的信息产品成果所产生的社会效益和经济效益中显示出来。

（三）竞争的思维

在谈到服务产品的微观特征时，我们曾提出它具有相互替代性。图书馆服务也具有一定的替代性，它与社会其他服务活动关系密切，彼此间相互补充，从而形成了一种竞争。

作为精神文化服务而言，广播、电视、文娱、体育、信息网络正在日益发展提高，任何人都无法摆脱社会文化的影响和制约，并同时参与文化的活动与创造。当今图书馆的生存条件面临着重大挑战，人们不仅可以享用丰富多彩的广播、电视节目，还可以不出家门利用网络图书馆来获取各类信息，甚至可以通过网上书店购买书刊。在所有竞争对手中，网络对图书馆的冲击最为明显。网络仿佛是一个庞大的图书馆,随时向人们提供无所不包的信息,任何人只要家里拥有一台电脑,连通网络,就可以跨时空、跨地域的漫游信息世界。网络的发展势必削弱人们对图书馆的依赖程度。同时,面对开放式的环境,用户与网络之间是一种人机对话交流形式,没有传统图书馆服务形式中一些人为负面因素的影响,既能较好地满足用户迅速获得文献信息的需求,还节约了人们往返图书馆的时间、交通费用等这些边际成本。在这种情况下,人们将有选择上网还是选择去图书馆的权力,若能够在家里"坐享其成",还有谁愿意花时间和精力前往图书馆。近年来据传媒的报道,各地图书馆的借阅活动不同程度上都出现了波动。

大众传媒及信息网络发展的动力是科学技术与社会需求,但它们对图书馆既构成一种冲击,同时也提供了一个动力和机遇。纵观精神文化的求乐、求美、求知的总体功能,图书馆作为社会求知的知识载体将永远在精神文化中处于龙头地位,并且日益具有求乐、求美功能。

由此可见,阅读渗透于生活的每个角落,为其他文化服务不可替代。另外,网络对图书馆更多的是一种互补的关系。这是因为一方面网络上对用户有用的信息资源并不是太多,有些资源还是以商业性质出现,图书馆的资源优势仍然存在;另一方面网络的利用毕竟需要有计算机、上网等技术条件做前提,此外网上阅读还极易产生疲劳,没有传统阅读的休闲和随意。因此有人认为,图书馆真正的竞争对手是书店及各种形式的社会读书组织。目前书店越来越多,它们将售书与提供宽松的读书、选书形式结合,阅读环境舒适、自由,尤其是特价书市不断出现,往往其中的顾客大都是阅读而不买书。社会读书组织,诸如书友会、读书社、读者沙龙、读者俱乐部、图书银行等,它们采取会员制形式,以少量的交费,享受互惠借书刊或优惠购书等,远比图书馆服务灵活、方便,颇受读者欢迎,已构成对图书馆服务工作的一个威胁与挑战。为此,我们应该充分发挥自己的优势,努力克服封闭、保守状态,进一步深化信息开发,加强网络化与数字化建设,提升服务人员素质与服务水平,化被动为主动,力争在各类精神文化服务方面牢固占据自身应有的地盘。

(四) 特色服务的思维

在科技、经济、教育迅速发展,社会需求日益多样化的环境下,扩大规模,并非图书馆发展的最佳出路。相反,盲目的外延式发展有可能使图书馆在将来陷入进退两难的境地。企业界对此有许多深刻的经验教训,如一味地产业扩张使企业难以生存,而特色产品和服务却往往能够在竞争中占据优势。因此,现代图书馆没有必要去追求自身规模的大而全,而应树立特色服务的思维,充分利用网络和图书馆资源的优势,开展特色服务,使之在激烈的社会竞争中求生存、求发展。

从发展的轨迹看，特色服务开始是在图书馆改革实践中从传统的常规服务中派生和发展起来的，表现出"人无我有，人有我优"的与众不同的特性，在长期的工作实践中逐步形成并相对稳定下来，展现出各个图书馆的个性。

特色服务之"特"主要有三个方面。

其一，对象上的特色。特色服务的服务对象往往突破了地域和用户服务工作常规，适应了"为一切用户服务"的宗旨。

其二，服务方式上的特色。特色服务改变了传统的在出纳台前坐等用户上门的被动服务模式，而是走出图书馆大门，在更为广阔的空间，采取多样的服务措施，体现了"一切为了用户"的宗旨。

其三，服务内容上的特色。图书馆开展特色服务，其资源必然是对一些专题和学科具有相对丰富的收藏，能为用户提供比较专业和专门的服务。

虽然特色服务的形式呈现出多样化的格局，但是，如果我们对图书馆特色服务的内容加以认真分析和研究，不难看出特色服务所具有的共同特点：一是适应社会公众的需要。特色服务项目的设立，充分考虑了社会公众的需求程度和地区环境的特点，因而具有强大的生命力和深厚的社会基础，这是搞好特色服务的先决条件。二是具有专题馆藏资源的优势。图书馆的特色服务必须建立在文献资源特色化的基础上，并以此构成用户服务的基础，为取得较好的服务效果铺平道路。失去了这一优势，特色服务只是一种奢望和空谈。三是采用现代化的服务手段。特色服务显示出现代化的服务特征，如在文献载体上，由单一的印刷型书刊转变为书刊、音像制品和电子出版物、数字文献等多种载体；服务方法上，改变单纯的借还为文献的采集、流通、辅导、咨询及情报信息服务于一体的新模式；在服务手段上，已不完全依靠手工操作，而是借助于计算机和网络技术进行文献信息的管理开发和利用。

（五）协作服务的思维

由于现代科学技术迅速发展，文献数量急剧增长，无论哪一个图书馆都不可能做到把某一学科文献收集齐全。而现代社会生活丰富多彩，用户的文献信息需求繁复众多，无论在哪一个图书馆都不可能完全得到满足。由于社会分工高度专业化，文献信息服务活动整体化已形成互相依存、互相促进的态势，图书馆联盟的作用将日益凸显，人们越来越依赖于行业内与行业间的合作与交流，从而使交流与服务更加呈现多元化。

几十年来图书馆界为使自身形成一股群体力量，开展协调与协作，取得了一定成绩。但与当今社会发展要求尚有相当距离，特别是文献信息资源"共建共享"工作中存在着论说多、实际行动少，共享的兴趣高，共建的积极性低，目的性不明确,直接为用户服务的社会效益不明显等问题。图书馆服务特别是馆际互借和文献传递服务未得到有效利用,不少图书馆的服务工作局限于本馆的文献信息资源,服务工作组织管理人员缺乏资源共享观念,造成服务拒绝率较高。

图书馆协作服务的目的在于提高服务能力与水平,使服务形式更加灵活多样,服务内容更加丰富全面。图书馆协作的组织形式是成立各种各样的图书馆服务联盟。鉴于信息网络已经成为全球化的格局,各图书馆在协作架构中怎样去组织、加工各种传统文献信息资源并有效地利用网络资源是服务工作中不可忽视的问题。

图书馆的协作服务实践要在各馆之间通过充分协调,从用户需求出发,选择关系全局、用户受益比较大的项目进行。这除了确定图书馆的资源建设方向外,还要解决为用户提供什么信息的问题。书目信息是图书馆开展服务,组织文献资源流通的基本手段,是文献信息资源"共建共享"的基础,务必优先集中力量做好,因为知识不仅靠积累,更重要的是靠检索。

图书馆协作服务还应该包括社会团体及用户群,只有把图书馆融入社会,并从中有效地汲取利用智力资源、物质资源等,才能互相服务,彼此信任,良性互动。协作与竞争是对立的统一,为了共同的利益开展协作,从协作中显示自身的实力就是竞争;而竞争又是为了共同的利益,更好地提高图书馆的协作水平。

(六) 信息无障碍服务

国际图联、联合国教科文组织于2001年8月在美国波士顿召开的第67届国际图联大会上正式出版发行的《公共图书馆服务发展指南》指出:所有公众都有享受图书馆服务的权利,而不受种族国籍、年龄、性别、宗教信仰、语言、能力、经济和就业状况或教育程度的限制;必须确保那些由于某种原因不能得到主流服务的少数群体也能够平等地享受到各种服务,例如少数民族、身心残疾或居住在离图书馆较远而不易到馆的社区居民等。这种信息无障碍的服务思维是全世界图书馆数百年来共同的服务宗旨,其主要的服务对象是民众中的残疾人群体。

平等地获取知识信息是最基本的人权,图书馆开展对残疾人的服务是维护残疾人基本人权的体现。19世纪以来,世界各国图书馆先后开展了内容丰富、形式多样的信息无障碍服务,为残疾人创造了一个学习和接受教育的良好环境,让残疾人有获得生活基本因素如利用图书馆的机会,从而享有包括图书馆所提供的各类服务在内的公共、行动自由,以及一般的日常生活方式。

在工作实践中,信息无障碍服务思维可在以下五个方面给予体现:

(1) 以无障碍思维来设计图书馆建筑,包括残疾人专用坡道、盲道和相关卫生设施。

(2) 从方便读者的角度出发,设身处地为残疾读者着想,开展送书上门服务。

（3）利用现代信息技术，大力发展网络服务和虚拟参考咨询服务。

（4）摆脱传统的图书馆空间和文献资源按文献载体和文献类型布局的模式，改按文献的内容主题来划分，避免读者包括残疾读者的来回奔波。

（5）根据残疾读者的具体服务需求，量身定做，开展个性化服务。

国内信息无障碍服务开展比较早的图书馆如上海图书馆，1996年在当时新建成的馆舍对外开放时就构建了物理无障碍的建筑环境，并开辟了盲文阅览区。从2002年5月开始，上海图书馆还与上海邮电局合作，开展了为视障读者提供上门免费送还书服务，其中不仅包括免费邮寄的盲文读物，还包括了正常人也能使用的录音磁带等。

二、图书馆服务思维的创新

（一）图书馆服务思维创新的必要性

在信息社会，图书馆的生存面临着众多的挑战。如今，人们不仅可以享用丰富多彩的广播、电视节目，还可以不出家门利用网上图书馆获取各类信息，甚至通过网络书店购买书刊。各种搜索引擎相继出现，改变了人们获取信息的方式。人们可通过搜索引擎查找所需要的信息，如利用Google、百度等就可免费获取网上各类信息。社会信息服务机构的大量出现，打破了图书馆单一提供信息服务的局面，人们获取信息的途径和方式有了多种选择。当人类社会进入信息时代，有人曾经预言，数字图书馆将取代传统图书馆，电子图书将取代纸质图书。从现实情况看，数字图书馆并没有取代传统图书馆，电子图书也没有取代纸质图书。上述种种现实表明，图书馆要适应信息时代社会发展的要求，必须加强图书馆的建设，树立新的服务思维。图书馆服务是一种有着丰富内容和具有重要意义的工作，是图书馆工作的重要组成部分，是图书馆这个组织联系社会与用户的桥梁，是图书馆工作最终价值的体现，是图书馆工作的出发点和最终目的。总之，图书馆服务工作要满足读者（用户）的需要，图书馆界应进一步探索图书馆服务工作的规律和特点，创新图书馆服务新思维，真正使图书馆服务工作迈上新台阶。

从社会发展的总体要求来看，图书馆必须进行服务思维创新。进入21世纪以来，信息技术的日新月异，使得知识交流、传播、创造模式发生了颠覆性的变革，网络资源成为用户获取信息的首选，信息用户可以跨过传统图书馆直接获取信息，在应对挑战和顺应信息化潮流的过程中，图书馆必须通过解放思想和开拓创新来不断实现自身的科学发展。由于服务是图书馆的生命线，思维是一切行为的基础和先导，图书馆只有创新服务思维，在服务中凸显其竞争优势，以适应时代发展的需要。

(二) 图书馆服务思维创新的实质

图书馆服务思维创新，是通过更新观念，使图书馆工作人员主动为信息用户提供信息服务，是以提高服务质量为标准的更新和创新，创新的实质是"一切为了用户"的推陈出新，主要体现在其服务内容的丰富和完善。

信息时代，知识更新速度加快，为用户提供的信息内容只有具备了"快""新""精""细"的要求时，才能称得上真正意义上的服务创新。因此，图书馆必须深化信息服务内容，充分挖掘馆藏实体资源和虚拟网络资源的内在价值，传统与现代互为促进，满足不同层次读者需求，这是图书馆服务思维创新的实质内容。

(三) 图书馆服务思维的创新内容

图书馆服务思维的创新是相对传统而言的，创新不是对传统的批判或抛弃，更不是一味地标新立异，这其中更多的应该是继承、发扬和光大。图书馆服务思维的创新主要包括以下方面的内容。

1. 自由、平等、博爱思维

自由、平等、博爱是国际社会倡导的社会公义，也是国际图书馆界倡导的服务思维。图书馆界重视人的尊严与价值，包容人的弱点，注意为残疾人和其他弱势群体提供特色服务正是"自由、平等、博爱"精神的体现。自由、平等、博爱这些价值在图书馆服务中的体现，更多地表现在"平等"获取知识的权利上。尽管人生不平等是现实的真相，但我们不必为承认人类与生俱来的这样不平等而感到羞愧，人类之伟大及人类文明之意义就在于，它试图建立一个美好的制度，以此保障每个人生而自由，并且最大可能使社会趋于平等。虽然我们也承认"文明的多样性"，西方国家的一些"普世价值"目前不一定适用我们所有领域，但应适用于我们的图书馆界。

在西方国家，图书馆界自由、平等、权利、博爱等"普世价值"普遍被人们接受。在我国，长期的等级制度对平等思维是一道坚固的屏障。随着国家民主政治的大力推行，社会各界有识之士的共同努力，图书馆平等服务思维逐步受到重视，知识公平思维逐渐成为行业共识，自由、平等、博爱等"普世价值"逐渐被图书馆界接受。

2. 一切用户思维

图书馆服务的本质就是为了利用，图书馆服务以用户为中心的思维，是把社会的每一个人作为图书馆的服务对象或潜在的服务对象，是为了所有使用图书馆的人。对"读者"概念最大的改变是因为网络的出现，网上图书馆的发展，使图书馆用户不再局限于本地，而是遍布天涯海角。一个人，无论在世界的哪个角落，只要点击了某一图书馆的网站，他就是该图书馆的用户。网络时代，图书馆用户到底有多少，不仅包括用借书证统计到馆的人数，还包括访问网上图书馆的人数。用户服务已经突破了传统"读者服务"的人数时间与空间的限制。

3. 从"读者第一"到"用户第一"思维

对整个图书馆服务来说，读者至上是永远正确的，始终是最重要的，我们必须努力地做到这一点。21世纪的图书馆不仅要考虑"读者第一"，更要考虑"用户第一"。不仅重视人们对图书馆的阅读需求，还要重视图书馆不只为本地区、本部门的用户服务，还要为本地区、本部门以外的所有人服务。有了"用户第一"的思维，就可以反思现行图书馆服务的许多做法，如凭借书证发放座位牌、禁止带书到图书馆自习、将不看书的读者赶走等，这些做法在考虑阅读保障的时候都忽视了用户利用图书馆的权利。图书馆要改善服务，既要改善阅读条件，吸引读者到图书馆来阅读，也要改善其他条件，吸引用户到图书馆来享有图书馆的所有资源。

4. 以人为本，从心开始

图书馆的服务要以人为本，处处把人放在最重要的位置。长期以来，图书馆的服务存在很多非人性化现象，如在馆内设置监视器，每个阅览室有防盗装置等。人性化服务是以尊重人、理解人为前提的，充分考虑人的需求，最大限度地给予人以自由空间的服务。过去强调制度，现在强调人性化。制度是基础，人性化是方向，两者必须结合起来。比如中国香港城市大学图书馆，看上去像一个家。图书馆的门口一侧有一个嵌在墙里的还书箱，进入图书馆借书咨询和阅览一应俱全，阅览室里有各式各样的阅览桌椅，阅览桌旁边有沙发，还有小的圆桌，看报纸、看书都行，用电脑也行，每个阅览桌旁边都配有废纸篓，侧面的墙上还有许多挂衣服的钩子，使读者感觉很舒适，很温馨。所以说，人性化服务不是口号，而是具体的行动，是细微处见真情的服务。

泛在智能技术的广泛应用使人们获取信息更加方便快捷，但人们也意识到，技术虽然给人们带来了便利但也有深深的遗憾，那就是人文环境的缺失及虚拟交流给人们的心理、生理造成的影响。因此，现代图书馆不仅要专注于利用先进技术提升服务质量，还要更加重视和践行图书馆"以人为本"的服务思维，加强图书馆人文环境的持续构建。

无论时代如何改变，"人"是永恒的主题，无论环境变得多么复杂、多么智能，一切活动都还需要有人来参与，无论人们从事何种活动，都需要从"心"开始。也就是说，人总是在一定情感、意志影响下从事实践活动的。积极的情感情绪会给人们所从事的工作注入新的活力，推动工作向更好的方向发展，反之，消极的情感情绪则会阻碍工作的顺利进行，图书馆的工作也是如此。因此，以人为本，最简单的含义就是要关注人的情绪情感，从而促使人在积极的情绪状态下去从事工作。而马克思又曾经说过"人的存在总是在集体、在和他人的关系中、在为别人做事的过程中、在能够为别人做出自己的贡献的时候，才体现出自己的价值找到自己存在的意义"。因此，以人为本又意味着我们需要关注个人在集体中价值的展现。

综上所述，现代图书馆的服务思维就是"以人为本，从心开始"，即图书馆在服务过程中要更加关注用户需求、倾听用户意见，辩证地看待与处理馆员与用户之间的关系。图书馆服务过程中不仅践行"以用户为本，关注用户需求"的思维，同时采取相应的措施关注用户的心灵成长，如借鉴一些社会上流行的潜能开发、放松、静心等教练技术对读者实施教育，让读者学习心灵启蒙课程，教会读者学会认识自己的心理变化及情绪变化，促进自身成长。另外，图书馆更要给馆员以关怀，满足馆员的物质及心理需求，为馆员营造一种终身学习的环境氛围，激励其敬业精神与创新精神，让馆员在工作中找到成就感和职业归属感。每一个图书馆从业者都要明白：图书馆发展的最终目的是在领导与馆员之间，馆员与馆员之间、馆员与用户之间形成一种强大的凝聚力，建立起一种牢固的、相互信任的人与人之间的关系，从而使馆员不再是受支配的雇员，用户也不再是馆员所服务的客体，而都是具有主人翁意识的共同创造者，使现代图书馆在追求全体馆员物质与精神两方面幸福的同时，引领用户走上自觉、自知、自信、自强、自胜这样一种心灵成长的过程。

5. 用户参与，资源共建

心理学大师武志红曾经说过："在一个关系里，如果对方只是得到而没付出，他自然就不会太在乎这个关系了。"而图书馆所构建的丰富的软硬件资源及所提供的各种类型的服务之所以被用户冷漠的对待，就是因为我们一直在一厢情愿式的构造和付出着这一切。长久以来，我们一直关注的是我们能向用户提供什么，而没有重视用户能为我们提供什么，用户能为其他用户提供什么，我们一直缺少的就是Web2.0所倡导的用户主导、用户参与、用户分享、用户创造这样一种核心思维，而泛在智能的产生和应用使得图书馆以用户为中心的核心价值观有了更加现实的技术基础和环境基础，同时把用户参与和互动作为图书馆资源建设与服务的前提依据。因此，泛在知识环境下，图书馆的发展要将这一思维贯穿图书馆资源建设与服务的全过程中来，通过应用Web2.0和泛在智能的相关技术让用户付出时间和精力来真正参与图书馆的资源建设，从而让用户开始重视这份投入，开始在乎这份关系，并乐于分享其建设成果。

图书馆邀请用户参与图书馆资源建设不是随意性的，而是有针对性的，其目的是通过用户来了解其他用户的真正需求，让部分用户成为馆员与图书馆用户之间沟通的桥梁，因为用户在面对用户时能够很容易的理解对方的真正需求，能够给图书馆的资源建设提出很多合理化的建议，同时让更多专业用户与图书馆工作者员合作共建专题信息还可以提高图书馆资源利用率。泛在知识环境的不断发展，使得个人正在成为完整的信息收集、接收、处理、发布节点和服务单元。

在加大用户参与图书馆资源建设的同时，图书馆还要积极与各相关单位合作，共建图书馆资源，以解决各图书馆目前广泛存在的经费紧张、空间有限、技术设备相对不足等情况。具体做法为：各图书馆首先要根据学校学科发展和专业特点合理购买本馆用户所需的纸质资源和数字资源作为基础保障；其次再加大力度收集网络中与各重点学科相关的网站和各种网络数字资源建立专题知识库来充实本馆馆藏，最后通过建立联盟的方式在利益平衡机制的前提下合理购买和共建共享资源，以优化本馆的馆藏资源体系。现代图书馆还要打破物理图书馆与数字图书馆之间的界限，积极利用数字图书馆对信息的搜集、组织、分析、传播的传统优势和泛在知识环境的智能挖掘技术优势建立各类数字资源体系。另外，图书馆还应加强与其他信息服务机构，如出版社和数据库商，以及电信部门和网络服务商的跨界合作，达到资源、设备的充分共享，从而满足用户在泛在知识环境下的信息需求。

6. 单体联合，实虚结合

全媒体时代，图书馆的"体"不仅包括了图书馆的物理体，同时还包括了物理体内更小部分的物理体及它们所分别对应着的网络环境中的虚拟体。也就是说，我们不仅要关注图书馆的软硬件资源配置、环境完善等外在条件，同时还要在这种大的物理体之内根据用户的兴趣与需求建立更多小的物理体，如信息共享空间、兴趣学习小组、精品图书导读组、专家咨询组、学科服务组、资源导航组等，并在网络中建立相应的虚拟社区，以实现图书馆"实虚结合"的建设思维。为适应全媒体时代图书馆的资源与服务无所不在的特点，图书馆还需应用开源软件、语义网、Web2.0等相关技术将图书馆的资源与服务制作成客户端软件的形式，由用户自行安装在自己常用的设备或智能手机上，从而使用户不必访问图书馆网站就可直接获得图书馆相关的资源与服务。

同时，我们还必须明确，全媒体时代图书馆各项工作的目的并不仅仅是为图书馆带来经济利益，更多的是为了将图书馆的信息资源和人才优势与信息机构的营销手段和资金优势相结合，从而让用户更多地了解图书馆，对图书馆持有正确的认识，最终愿意接受和利用图书馆所提供的各种服务，并使图书馆的资源与服务发挥更大的社会效益。因此，还需要单"体"联合，即图书馆界内部联合，同时又与相关的服务机构联合，以联盟的形式为用户提供各种服务。这种联盟绝不是一种简单的联合，而是要打破过去以各馆为单位的联盟，采取由不同图书馆的馆员组成不同的具有独立领导能力的服务小组，提供灵活多变的服务方式与服务内容。即根据图书馆所服务的用户的类型、目标、兴趣所在区域等的不同，将图书馆联盟的所有成员按专业、兴趣年龄、能力等划分成许多独立的服务小团体，自觉地融入各个需要他的用户群中去，服务小团体的构建也可视用户需求的变化不断地重组。

7. 树立知识服务思维

知识服务是一种新的服务观念，注重对信息资源的深层次开发和利用，注重知识资源增值的一种服务。与传统信息服务相比较，其区别在：①传统信息服务关注的是为用户提供了什么信息资源，而知识服务关注的是为用户解决了什么问题。②传统信息服务只需关注用户简单提问，满足用户文献需求。知识服务则是一种逻辑获取服务，通过对信息的分析重组，形成新的知识产品。③传统信息服务满足于为用户提供具体文献信息，而知识服务致力于帮助用户寻求或形成"解决方案"。④知识服务关注其服务的增值，希望利用自身的知识和能力，为用户提供具有独特价值的信息产品。而传统的信息服务更多的是基于对资源的占有，通过"劳务"来体现自身价值。为此，知识服务需要馆员努力成为"一专多能"的复合型知识人才，将分散在相关领域的专业知识加以提炼，形成符合用户需要的"知识精品"。

8. 树立竞争意识，提高馆员素质

随着社会文明与技术进步，图书馆形成了多层次的服务思维，图书馆不同服务思维的相继提出，要求馆员从多角度出发，用更优质的服务来最大限度的满足信息用户多元化的信息要求。为此，对馆员素质提出了更高的要求。

在道德上，馆员一是树立正确的职业观。由于图书馆是一个"生长"着的有机体，馆员职业观应随着图书馆的"生长"而演化提升。馆员的职业价值观经过理想主义、个人主义、技术功利主义、新自由主义的演化，逐渐形成注重服务和人文关怀，尊重理性、知识、真理，尊重对知识和真理的追求，热爱图书馆，倡导阅读，主张社会成员享有使用图书馆服务的平等权利，倡导合作和技术创新，倡导宽容、公正的职业价值观。二是培养良好的职业心态，提升职业认同感。一定意义上说，馆员是在为他人做"嫁妆"，无论是在传统的手工条件下，还是现代化的网络时代，只有具备乐于服务，勇于奉献的精神，才会把图书馆工作当成人生的事业来经营，才有可能成为一名优秀的馆员。三是馆员要有较强的进取心。信息社会的到来，图书馆受到其他信息服务机构竞争和读者流失等诸多挑战。面对挑战和竞争，馆员只有具备较强的竞争意识，有强烈的责任感，才会把更多的精力用在工作上，不断钻研业务，发现工作中存在的问题，寻找解决问题的办法。在能力上，馆员一是具有信息获取能力、对信息的深度加工能力及传递信息能力。当代科技已广泛应用于图书馆工作，科技的发展，边缘学科的不断涌现，要求馆员应熟悉当代最新技术，有广博的知识，一定的学术研究能力，灵活的综合反映能力，敏锐的捕捉信息能力，开展深层次信息服务，并运用现代信息技术为用户提供服务，当好信息用户的信息导航员。二是具备信息素养教育者的能力。在信息泛滥的今天，只有全社会信息素养整体提高了，才能真正促进社会的进步。在图书馆服务中馆员在不断提高自身信息素养的同时，还应充当信息教育家，"授人以鱼，不如授人以渔"，馆员通过自身的努力，促进大众信息素养的提高，促进社会的文明发展。

9. 创新服务思维

在文化传播载体和传播方式不断变革的挑战下，图书馆不仅要在硬件上有所提高外，更重要的是服务思维的不断创新。只有这样，图书馆才能适应新时代新读者的需求，在日益加剧的信息服务大战中立于不败之地。

创新是当代社会的一个主题，创新是一个国家的灵魂，在全社会创新的环境下，图书馆服务也要创新，这关系到图书馆服务应适应社会需要，与时俱进，关系到服务质量和水平的提升，甚至关系到图书馆的长久发展。图书馆服务树立创新思维，要求每一个馆员具有创新意识和创新思维，大胆提出与实施图书馆服务的新思路和新方法；要求每一个图书馆都有创新服务战略和对策，及时增添新的服务，在服务过程中快速应变；图书馆要努力营造创新的氛围，培育馆员的创新精神。

网络环境下图书馆服务的基础发生了根本性的变化，由基于实体馆藏的服务拓展为基于全球信息资源的读者服务。图书馆服务方式发生了极大变化，出现了远程服务、全天候服务、多维服务等服务方式。

所谓"服务思维的创新"，即服务思维要不断顺应原有思维赖以生存的条件与机制的变化而变化。在信息技术飞速发展的今天，现代化的服务手段大大提高了图书馆的服务效率，丰富了图书馆的服务内容，确实给读者和用户带来了许多便利。

无论将来科技手段怎样发展、物态化图书馆如何现代化，服务都是贯穿图书馆发展过程的一条主线。但读者和社会对服务的要求会和以前大不一样，服务的思维会发生根本的转向。服务思维创新必须遵循三条基本原则，即国家指导原则、市场调节原则和图书馆自主发展原则。

从社会机构的分类上讲，图书馆一般是以国家投资为主体的社会公益性事业单位，在遵循市场经济规律的前提下加强国家的宏观规划指导是世界图书馆事业的通则。随着我国社会主义市场经济体制的发展和完善，国家对个体的制约作用将会越来越间接，制约的范围也将大大缩小，即意味着图书馆选择的自由权和自由空间不断扩大，这为现代图书馆服务开辟了更为广阔的空间，图书馆必须走自主发展之路。社会和广大人民的知识信息需求是图书馆赖以生存的基础，这种基础主要不是指体制和制度，而是指图书馆必须把市场规律作为其运行和发展的基本准则。从某种意义来讲，图书馆现代化的过程是一个建立起竞争机制的过程，没有竞争，就没有现代化，也就没有现代图书馆的活动。竞争是图书馆效率与效益的内在要求，是加快图书馆发展的需要。也就是说，在服务层面上一切为了读者是图书馆工作的根本出发点，首先要有"读者第一、方便读者、服务读者"的思维，在满足读者需求的过程中，要"换位看待"，在开展各项工作时，要坚持图书馆公共性、公益性、服务性的原则，不断提高图书馆的社会效益。

从图书馆服务的发展趋势看，图书馆服务的内容急需拓宽，其重点是加大信息知识服务和方便用户的服务力度。在信息知识服务方面，主要是增加网上信息导航服务和咨询服务内容。在方便用户方面，加大为社区和校外用户服务的力度，其内容包括职业介绍、市场动态信息、技能培训指南、市政服务咨询、家政服务咨询，等等。在文献信息服务方面也要创新，主要是加大参考咨询服务的力度，实现从文献信息服务向知识服务的跨越，提高图书馆服务的信息知识含量。网络环境的形成，扩大了图书馆可利用资源的范围。图书馆信息资源不能局限于本馆原有的印刷型文献信息，而要扩展到网络可检索和共享的其他服务器上的信息资源。随着网络的普及，人们的信息意识日益增强，信息需求从单一型、专业型向各行各业及生活领域扩展，形成了全方位、综合化的态势。以往的服务内容，都停留在一般性浅层次加工服务，即提供一两次文献服务上。图书馆要创新服务内容，拓宽服务范围，必须致力于文献信息的深度开发和充分利用，因此图书馆要转向对文献资料的深加工，形成有分析，有比较、定性和定量研究相结合的三次文献。

10. 营销服务思维

营销服务需要图书馆全体工作人员的共同参与。图书馆领导在细节营销服务中的作用是至关重要的。图书馆领导是否具备营销观念、是否重视细节是图书馆开展细节服务的前提。图书馆领导往往更重视如何去发展，容易忽略已经发展的、有基础的、看似简单却不容易做好的日常工作，然而它们却是图书馆发展的重要组成部分。因为只有通过各种规章制度将细节制度化、规范化，建立各种"反馈""激励"机制，才能确保营销服务深入开展。中层管理人员应该将工作重点放在如何让细节不断完善上，同时还应做好培训工作，营造和谐的服务文化氛围。一线工作人员工作重点是用心做好本岗位的营销服务，一丝不苟。总之，营销服务只有领导重视、基层执行有力，才能体现其精髓。

11. "零服务"思维

"零服务"的思维是企业管理中提炼出来的一种思维，这个思维本身是要说明没有（不需要）售后服务是最好的服务。后来人们把这一思维用到了服务上。"零服务"的思维具体内容包括"零距离""零缺陷""零投诉"服务。从图书馆读者服务角度分析,"零距离"服务是一种体现图书馆服务人员(馆员)与服务对象(读者)之间诚实、信任、贴近而真情、温馨、高效的服务。馆员与读者交朋友,建立起信任关系,让读者在图书馆服务中体会到馆员服务的人情味,进而形成亲和力,提高读者的满意度;"零缺陷"服务就是要求图书馆为读者服务做到尽善尽美,使读者对图书馆的服务无可挑剔;"零投诉"服务是图书馆最高的服务追求,通过卓有成效的服务,减少读者投诉,直至达到"零"投诉。近年来,图书馆虽然改进了服务方式,但在为读者服务的过程中,还存在很多不尽如人意的地方。如有的馆员和读者之间缺乏有效沟通,甚至因为馆员服务态度问题使馆员和读者之间产生一些矛盾。面对不能满足读者的要求,馆员要耐心地解释原因,诚恳地请求读者谅解,同时想办法为读者解决问题。如有的读者需要某种图书,但该书已被其他读者借出,遇到这种情况,馆员要细心向读者解释,并向读者推荐其他相关的图书或利用网络为读者提供该书电子版。"零距离""零缺陷""零投诉"的服务思维用于指导图书馆的读者服务工作,不仅可满足读者求知的需求,而且使读者享受到愉快的服务。图书馆要推行"零距离""零缺陷""零投诉"的服务思维,必须加强馆员培训,提高馆员素质,尽量缩小读者需求与图书馆服务之间的差距,实现图书馆服务的"零距离""零缺陷""零投诉"。

12."精细化服务"思维

精细化服务就是人性化服务,真正做到以客户为中心;精细化服务就是高品质服务,在用户群中有口皆碑;精细化服务就是超值化服务,让客户得到意料之外的价值;精细化服务就是创新式服务,服务方式灵活多变。精细化服务注重细节,强调人性化,以客户为中心,按客户的需求提供服务。总之,精细化服务思维强调对客户的贴心服务,用爱心、诚心和耐心向客户提供超越心理期待的、超越常规的、满意的超值服务,服务方式灵活多变,在细节处显示出对客户的尊重,用真诚换来客户的信任,正确对待客户的抱怨,善解人意为客户着想,了解客户的心理,区别对待不同性格的客户,热情主动细致,从小事做起,服务到位。在数字化、网络化发展的今天,图书馆服务的硬件设施有了一定的改善,但图书馆服务的软件条件与国外相比,差距明显。如图书馆购买了专业的数据库和引进了先进的知识服务系统,为读者查找资料提供了良好的平台。但图书馆宣传培训工作没有做到位,致使有的读者不了解数据的使用方法。这就说明,图书馆有了好的信息产品,还要提供好的服务。图书馆不但要引进数据库、建立检索系统,而且还要大力宣传数据库的作用做好读者培训工作,使读者能通过数据库查找到自己所需的信息。图书馆通过开设文献检索课,开展新生入馆教育、电子资源使用指南讲座,发放宣传册、问卷调查及通过网络在线问答、主页滚动信息、手机短信、校报、口头宣传等方式，对馆藏资源、馆藏结构和布局、馆藏检索方法、馆藏使用方法、馆内规章制度及深层次的服务项目和方式，如文献传递、馆际互借、科技查新、个性化定制推送服务等展开多层次全方位的宣传。通过宣传，使读者了解了现代图书馆的服务，在读者心目中树立起图书馆良好的形象，赢得读者的信任与青睐。通过宣传，图书馆日借阅量提高，电子资源的使用率也日渐攀升。可见，图书馆工作做细，可提高图书馆的利用率。精细化服务思维要贯穿图书馆服务的整个流程，让读者真正体会到图书馆服务的人性化。[1]

第四节 少儿图书馆阅读知识服务

一、知识经济时代与图书馆

（一）关于知识经济时代

1. 知识经济

知识经济，亦称智能经济，是指建立在知识和信息的生产、分配和使用基础上的经济。它以知识的创新为灵魂，以现代科学技术转化为核心，以经济的高度增长为标志，是一种全新的经济形态。现在我国学术界一般依照经济的基地，把经济分为农业经济、工业经济和知识经济，当然，也有学者把当代经济划分为信息经济和知识经济，还有学者划分为知识经济和人才经济。后两者的提法都不够妥当，原因有三个：一是信息经济是知识经济的基础或低级阶段，知识经济是信息经济的进一步发展或高级阶段。但在做这种理解时必须从狭义上理解"信息"这一概念，因为广义的"信息"是包含"知识"的。显然，从广义上理解"信息"，上述关系是不成立的。二是知识经济和人才经济不是两个不同的发展阶段或不同的经济形态，而是同一经济形态的两个不同的侧重点，以知识作为经济的发展基础抑或是以人才作为经济的发展基础，从归根结底的意义上来看，没有本质的区别。因为，知识是人创造的，是人的附属物，人是知识的拥有者、创造者和作用者，是知识的主体，"知识经济"说到底就是"人才经济"。三是在"知识经济"中，劳动产品的价值不仅取决于物化在劳动产品的社会必要时间，同时也取决于物化在其中的知识含量和科学技术含量。这样一来，是不是马克思的"劳动价值论"不正确或不完全正确了呢？不是！因为知识向劳动产品渗透，仍然是一种劳动的付出过程，关于这一点，马克思在《资本论》中论述商品的价值和交换价值，以及绝对剩余价值和相对剩余价值时已经提供了从侧面回答这一问题的

---

[1]刘纪刚.图书馆阅读推广理论与实践[M].北京：九州出版社，2019.

答案。

以知识为基础,是相对于现行的"以物质为基础的经济"而言的。现行的工业经济和农业经济,虽然也离不开知识,但总的说来,经济的增长取决于能源、原材料和劳动力,是以物质为基础的。知识经济是人类知识,特别是科学技术方面的知识,积累到一定程度,以及知识在经济发展中的作用,增加到一定阶段的历史产物。同时又是新的信息革命导致知识共享以高效率产生新知识时代的产物。

2. 知识经济时代

知识经济时代就是以知识运营为经济增长方式、知识产业成为龙头产业、知识经济成为新的经济形态的时代。作为新的经济形态的知识经济,中国著名学者陈世清先生在其所著的《经济领域的哥白尼革命》和《对称经济学丛书》中第一次提出并加以系统的阐述。只有运用对称的、五度空间的、复杂系统论方法的对称经济学才有可能真正揭示知识经济的本质、结构、意义和功能,才有可能建立真正科学的知识经济学,知识经济时代才有可能成为严格意义上的经济学概念,才能合理定位知识经济时代。

"知识经济时代"实质正是现代科技与经济社会互动发展的时代。在这个时代,传真机、移动电话、个人电脑、因特网、信息处理技术不断更新升级。并由此形成许多新的产业和新的生产组织方式,使全球经济增长方式比以往任何时候都更加依赖知识的生产、分散和使用。

(二) 知识经济时代的主要特征

1. 知识传播全球化

知识经济必然伴随着信息的社会化、全球化,知识经济时代不可避免地带有全球化的竞争与合作的特征。知识在全球范围内的及时传播和应用,人才在全球范围内的流动与竞争,知识化产品全球化的合作生产、竞争和营销,全球性知识产权保护公约和法规,全球化的宽带数字多媒体网络,全球科学与文化的交流与合作,全球化"信息高速公路"的开通,全球化电信法的全面操控,全球化因特网的建立,必然使知识的传播走向全球化。

2. 知识作用的短程化

知识经济时代必然伴随着知识生产使用的高速度、高效率,一种新知识一经出现就会迅速转化为新技术,一种新技术一经出现就会立即转入生产,从而推动着经济的持续高速发展。知识更新的加速、各种电子元件的换代、计算机更新周期的不断缩短,已经有力地证明了知识和生产之间的距离正在缩短。

3. 经济发展的持续化

传统工业经济的指导思想是尽可能多地利用自然资源以获取最大的经济效益,

而无视或忽视环境、生态、社会的整体效应，从而导致对自然的肆意掠夺行为。它们往往只注重眼前利益，不顾及长远利益；只注重短期效应，不顾及长期效应；只注重正向效应，不顾及负向效应；只注重索取的多少，不顾及代价的大小。而在知识经济时代则把生态与环境，资源与发展，自然与社会有机结合起来，通过科学技术的运用与操控，建立新的人与自然的平衡关系，达到人与自然的和谐统一，实现经济的可持续发展。

4. 世界经济一体化

随着生产化程度的不断提高，特别是由于现代信息的发展，使科技合作进入全球的网络时代。现代计算机信息处理和远程通信系统将各国的高等教育机构、科学研究机构和技术开发机构的信息交流联结成网络体系。市场交换方式的电子化、信息化、符号化、数字化，使国际市场的规模迅速扩大，交换频率的系数不断提高，世界经济将形成整体化运作趋势，一体化经济的世界性大潮流将成为全人类经济发展的航标。

5. 经济决策知识化

工业经济时代，由于只注重经济利益，所以在经济决策上相当的盲目性和"掠夺性"。而在知识经济时代，对于经济的发展和增长都要进行精确的预测和可行性论证，人类的"智力圈"正在大面积地向"经济圈"渗透，科学决策的宏观调控作用在知识经济中正在日益增强。

6. 知识主体素质化

在知识经济时代，要求每个生产者必须具备相当的知识，知识是每个人在知识经济时代生存和发展的必备条件，因此，它要求人人接受一定程度的教育，由"专才"变为"通才"。知识的贫困是一切贫困的最终根源。一个人成为什么样的劳动者、成为何种层次的劳动者、能否具有创造力。取决于他是否掌握知识、掌握什么样的知识，以及掌握什么层次的知识。其价值的大小，其人生价值的实现程度，归根到底取决于他所掌握知识的数量和质量。其劳动产品的价值，也取决于他所创造的劳动产品中的知识含量和科技含量。因此，创造、生产、传播、使用是"知识经济时代"对每个人的客观要求。

（三）知识背景下的图书馆

1. 图书馆在知识经济时代的地位

一般认为，知识经济包括四个系统：一是科学创新系统，二是技术新系统，三是知识传播系统，四是知识应用系统。上述一、二两个系统可以归并为一个系统，它主要解决经济发展的动力源泉问题。图书馆属于知识传播系统，是知识经济的基础设施，对其他系统起支撑和保障的作用。也就是说，没有高效率的知识传播系统，知识创新系统就不能有效地运行，知识应用系统就失去了源头活水。目前许多国家和地区从构筑知识经济基础设施的战略高度，不惜投入巨资，发展和改革图书馆事业，使之沿着自动化、信息化、网络化、全球化方向发展，努力建成能确保信息共享和自由流动的知识传播系统。

随着市场经济的发展，我国社会经济成分、组织方式、就业方式、利益分配等呈现多样化的趋势，这就决定人们的价值取向，文化选择必然趋向多样化。图书馆是我国先进文化载体中的重要组成部分，是先进文化的建设者和传播者。其功能是发挥社会教育的职能，提高广大公民的思想道德素质和科学文化水平，为现代化建设提供强大的精神动力和智力支持。图书馆已成为现代文明社会不可或缺的社会文化教育机构。因此，广大公民通过图书馆可以更新知识、接受教育、陶冶情操，使自己成为社会主义现代化建设的合格人才。其次，图书馆通过知识的输入、贮存和输出，已经成为人们终身学习的重要场所。图书馆肩负着服务全社会的职责，随着知识经济时代的不断发展，图书馆必将不断扩大服务范围，提高服务质量，发挥其在知识经济时代越来越重要的地位和作用。

2. 知识经济时代图书馆的角色转变

知识经济是"以知识为基础的经济"的简称，是以知识的创新、积累、传播为过程的经济，是知识社会的发动机和催化剂。知识经济时代对人力资源也有了不同以往的要求。它要求人力资源拥有高科技知识，有扎实的知识基础和广博的知识结构；要求人们有与之相适应的良好的心理素质；要求人们有创新精神和创造能力。此外，它还要求人们具有一定的应变能力。

图书馆是社会知识需求的产物，其天职就是为社会提供服务，图书馆的社会价值是通过开放式信息服务体现的。在知识经济成为社会经济的主流，社会结构开始发生变化的时候，社会需求也发生了较大变化，知识总量不断地增长，知识领域不断扩展，读者群体结构也随之发生变化。信息需求不断增加，图书馆的存在形态和业务方式发生了重大变化，在信息资源采集、组织加工、信息服务、管理模式等诸方面都将发生变革以适应知识型社会和网络化环境的要求，以便充分享受现代技术所带来的各种方便。当代图书馆已转变成一个概念全新的、功能多样的现代信息中心，面向全社会提供联合化的增值信息服务。未来几年，图书馆应当成为国家和区域创新体系信息服务模块的重要组成部分，发挥信息保障的作用。

（四）知识经济时代用户知识需求的主要特征

知识分为隐性知识和显性知识两种，最早由英国哲学家波兰尼于1957年提出，他指出："显性知识被描述为知识的，即以书面文字图表和数学公式加以表述的。""隐性知识是指不能系统表述的知识这种知识存在于我们的行为中，只可意会，不可言传，或称为默会知识，主要来源于经验和技能，因此这种知识只能通过观察来获得或传播。"

1. 用户知识影响因素的多元化

学习、生活和工作情况是影响用户知识的主要因素，而开放的网络环境时刻推动着学习、生活和工作模式的变革。人类的生活离不开网络，除了传统的生活背景、受教育程度等因素，用户的思维模式、行为习惯也会随着网络环境的改变而发生变化。

2. 用户知识表达的多元化

在传统环境下，用户知识的表达方式单一，局限于文本记载、计算机文档或口头阐述，许多隐性知识未加以记录或仅保存于个人存储设备中，信息技术的加入使知识有了多种表达方式，如博客、播客、Wiki、标签等，Web2.0应用成为用户表达知识的途径，丰富多样的图片、音频、视频等多媒体信息成为用户表达知识的方式。

3. 用户知识的互动性与创造性

知识的分享与流动是创新的主要来源。开放的网络环境为用户提供了更广阔和快捷的交流空间，通过网络，用户可以不受时间、空间、对象的限制，与世界上任何一个角落的对象进行交流，从中吸收有价值信息进行理解和转化，形成新的隐性知识，并在之后的互动交流中循环更新。

二、知识经济与图书馆教育职能

在知识经济建立的过程中，图书馆作为文献情报资料中心，充分发挥其社会教育职能，重视终身教育，强化人力资源的综合开发，提高全民族的文化素养，成为许多国家迎接知识经济时代的重大举措。

（一）信息社会对教育的冲击

众所周知，图书馆的馆藏文献是人类思想的结晶，它为图书馆从事智力开发，进行社会教育提供了丰富的、雄厚的物质基础。同时，由于图书馆藏书的连续性，使得图书馆的教育也具有长期性和稳定性，并且是无限发展的。受教育者可以长期地、自由地利用图书馆进行自学，这也是学校教育所不能比拟的。可以这么认为，校外教育是整个教育事业的重要组成部分，是学校教育的延续，那么作为校外教育机构中的图书馆就应该是校外教育的一部分。因为两者都担负着培养社会主义现代化"四有新人"的职责，它们的教育对象相同，任务一致，目标一致，同样都是对广大读者进行思想教育和科学文化教育的重要阵地。

在社会主义市场经济建设的过程中，人们已深深地认识到，社会经济的发展，需要大批人才资源，掌握一定知识和技术的工人和干部的存在是社会发展的必要条件。迎接知识经济的挑战，稳步地向知识经济时代迈进，至关重要的举措就是要全方位地落实教育优先发展的战略地位，培养数以亿计的富于创新精神的高素质的劳动者和数以千万计的专门人才，做好走向知识经济的准备。

（二）图书馆具有教育职能

知识经济的核心是科技，关键是人才，基础是教育。图书馆知识信息的传递就是一种教育，人们的信息交流必然产生一定的教育效果。图书馆珍藏的文化瑰宝对每一个人都发挥着潜移默化的教育，并且这种教育的作用是其他文化部门所无法代替的。图书馆浩如烟海的书籍就像"智慧灯"。人们读书的过程实际上是人的心灵和上下古今一切民族的伟大智慧结合的过程。读书使人明智，使人高尚。图书馆以其丰富的馆藏和完善的服务，使之成为塑造美好心灵的大学校，它可以为求业者做就业前的指导，为失学者提供学习机会，为患者提供医疗咨询等。终身教育既然是一个人从生到死不断受教育的过程，那么图书馆就应该而且可以成为终身教育的主要手段和形式。

（三）图书馆的教育作用不可低估

从图书馆整个的发展史看，利用图书馆的人任何时候都只是民众中的少数，也就是说图书馆仅能成为社会部分人的需要。而这部分人都是受过教育的人，有读书能力的人，因而图书馆的社会需要，便与教育的发达程度成正比：一方面，教育发展，受过教育的人多，有读书能力的人多，需要图书馆的人就多，图书馆就能得到更好的发展；教育落后，受教育的人少，有读书能力的人少，需要图书馆的人就少，图书馆就得不到发展。另一方面，图书馆事业发展，既能丰富教育活动并促进教育水平的提高，又能促进教育事业的发展；反之就会影响教育活动的开展和教学水平的提高。

图书馆事业与教育事业这种休戚相关的关系说明：图书馆应强化教育职能，把教育职能作为整个社会职能的基本目的，作为注意的焦点，并向教育靠拢，在为知识经济服务的不懈努力中，为自己创造更美好的未来。

（四）发挥图书馆的教育职能大有可为

今后，图书馆在自己的服务和活动中，应该采取使自己的服务和活动适应社会需求的方法，把教育职能作为基本职能，把为知识经济服务作为自己的工作和服务中心，并在为知识经济服务中充实和发展自己，赢得社会的支持和关心，在社会公众中树立起自己作为教育机构的良好形象。

三、图书馆知识服务

（一）知识服务含义

知识服务思想源于知识管理，彼得·德鲁克于1988年首次提出：知识管理是个人通过学习新知识和获得新经验，并将这些新知识和新经验表达出来进行共享，以用来促进培养，增强个人的知识和机构组织价值的过程。知识服务作为一种知识管理手段，能有效地辅助个人应用知识，受到图书馆界人士的重视，知识服务是在知识经济背景下的一种新的服务观念，是对信息资源的深层次开发和利用，知识服务的对象一般是机构、企业、科学研究课题组或研究者个人。

知识服务是为适应知识经济发展和知识创新的需要，知识服务是一种观念，一种认识，更是图书情报机构的重要实践活动。所谓知识服务，就是以信息的收集、分析、加工、整合和创新为基础，根据用户的具体问题和实际情况，融入用户解决问题的全过程，为用户提供能够有效支持知识应用和知识创新的一种服务。知识服务是面向增值服务的服务，它关注和强调利用自己独特的知识能力，为用户解决其知识和能力所不能解决的问题。

知识服务强调以知识创新为中心，以用户为核心，注重对信息资源的深层次开发和利用，注重解决用户的实际问题。知识服务是在传统的信息服务的基础上提炼的一种新的知识创新服务方式，它是通过集体的智慧对特定范围内的信息资源进行加工、开发和利用，为用户提供动态的、个性化的服务。

（二）图书馆知识服务产生的动因

信息技术的发展和普及应用，正在深刻地改变着人们的生活、学习和工作方式。面对泛滥的信息，人们如何便捷地查找到所需要的信息，成为图书馆服务的重要内容。图书馆如何谋求发展，吸引更多的用户利用自己的信息资源和服务，提升自己的社会地位和生存能力是一个值得探讨的重要课题。面对这种情况，知识服务作为一种新型服务方式在图书馆得以开展，并将成为未来图书馆服务的重要方式。

1. 应对知识经济时代挑战的需要

知识经济时代，知识正成为社会前进的新动力和支点，建立在知识的生产、分配、传播、应用和创新基础上的社会格局正在形成，知识本身及获取、运用知识的能力成为推动现代社会经济发展最具决定意义的要素，知识经济时代的显著特点是信息的数字化和网络化，各种原本只能从书本上获取的知识都可以被转化成数字化的形式在网络上进行传播，人们可以轻而易举地在网络上获取自己想要的各种最新的知识，知识经济时代网络获取信息的方便和快捷，信息获取方式的非专业化和非智力化，极大地削弱了图书情报机构在信息主渠道中的中介地位。

图书情报机构作为知识收集、加工、存储、传播者的角色正逐渐退化，图书馆文献服务的垄断地位不复存在，单纯的信息资源服务已难以维持其知识内涵，难以提高对用户的贡献程度，图书馆收集、保存和提供文献资料服务的基本职能已不再是衡量一个图书馆水平高低的首要条件，为此，图书馆必须转变自身职能与时俱进以适应知识经济时代的挑战。

2. 满足用户需求

科学知识发展到今天，既高度分化又相互渗透，这种趋势使得用户的信息需求结构也发生了巨大的变化，从以文献借阅为主转向多种形式的信息需求并存，为了研究某一课题，科研人员自然需要了解多个学科领域的成果，同时，现代社会知识更新换代的速度越来越快，为了紧跟时代的发展赶超前沿，他们要求尽快查询国内外有关的研究动态和最新成果，希望图书馆能够尽可能准确、全面、及时、连续地为他们传递需要的信息，随着用户对信息需求的提高，不同用户需要图书馆根据他们个人特点提供具有个性化的信息服务。传统"千人一面"的服务方式已不能满足知识经济时代用户的信息需求，亟须改变为不仅给用户提供文献，还可以提供以知识为单元的深层次和个性化的服务。用户不再仅满足于从以网络为基础的数字信息资源中快捷地获取所需要的信息，而是需要如何从所获取的大量信息中找到与自身需求相匹配的知识，并将这些知识创新、集成为相应的解决问题的方案。这种深层次信息开发的需求改变。要求图书馆不仅要对用户需求进行充分分析，更要就此对浩如烟海的信息进行筛选、整合和优化，找出其间有用信息，进而发现新的知识，以满足用户在知识经济时代的新需求，成为摆在图书馆面前的重大课题，成为现代图书馆开展知识服务的内在动力。

3. 图书馆信息服务环境的改变

网络环境下，图书馆信息服务发生了很大变化。首先，图书馆馆藏结构由过去单一纸质资源转变为现在的网络信息资源、电子信息资源、纸质信息资源等多种形式，构成图书馆实体馆藏和虚拟馆藏并存的格局。随着计算机技术、网络技术和通信技术的广泛应用，图书馆服务手段从过去的手工服务，转变成先进的自动化、网络管理模式，服务手段呈现信息化、数字化、网络化趋势，使用户在很大程度上无须通过馆员的中介作用，便能随时随地进行信息的检索、查询及利用图书馆的实体馆藏和全球网络信息资源等。同时，面对着众多信息服务机构的竞争，图书馆在文献加工和整合过程中必须从文献单位深化到知识单位，详尽地揭示文献的知识内容，逻辑地创造出新的知识，形成知识产品，帮助用户得到所需要的、有别于通过信息环境获取的、需要分析、需要重组的知识信息。

4. 图书馆自身发展的需要

知识经济时代图书馆从"信息服务"转向"知识服务"，知识服务对文献的加工要求更进一步,传统的文献加工只是基于简单的文献分类,但是,知识服务要求将这种有序化从文献单元深化到知识单元,在文献加工中真正实现知识重组,这就需要在文献的分类和主题加工中,尽可能详尽地揭示出文献中的知识内容,并建立起科学完备的检索系统,目前,我国不少图书馆的图书分类尚不完全,没有进行附加分类和分析分类;检索系统也不完备,甚至没有建立参照系统;大部分中小型图书馆还没有实行对文献的主题加工,因此图书馆必须要加快自身硬件的建设来应对知识服务的需要。

(三) 知识服务的主要特征

1. 知识服务强调以用户为核心

它首先要了解用户的相关背景信息,发现用户潜在的兴趣需求;其次,通过对用户检索行为的记录和学习,分析用户的检索提问,进行主动服务;最后,了解用户正在形成哪些新的兴趣点,及时为用户提供这方面的信息,使用户得到满意的信息服务,知识服务就是在用户最需要的时间,将用户最需要的知识传送给用户,始终贯穿用户服务的全过程。

2. 知识服务是面向知识内容的服务

知识服务是根据用户提出的信息需求进行系统分析,从大量现有的数据库中找出对口有效的知识,并用简明、科学、逻辑的方式显示出来,通过各式各样的外部信息源的收集、分类和组织,用分类的方式找出各知识之间隐含的关系,并从中找出与用户需求相匹配的知识,然后通过知识的传递,将最恰当的知识在最恰当的时间传递给最需要的人,通过用户的认知,实现对新知识的利用。

3. 知识服务是为用户解决问题的服务

知识服务是根据用户的要求对信息和知识进行不断查询、分析和组织、致力于帮助用户找到或形成解决问题的方案,并根据用户要求,动态地和持续地组织服务。

4. 知识服务是基于专业化、个性化、时效性的服务

知识服务要求按照具体专业和课题项目组织实施服务。其特点主要是在专业信息内容方面,科研人员希望能获得针对性更强、专业性更高、更省钱、更方便的基于专业内容的服务。按照不同的专业建设相应的专业网站,将专业信息资源导航、专业化网络检索工具、专题文献报道和专业咨询频道集成到这个网站上,做到对用户问题和用户环境的准确把握、及时跟踪;知识服务强调针对用户的特点提供个性化服务,协助用户开发个人化信息资源系统,为用户建立个人主页的系统界面和超级链接,为用户个人收集、组织、定制个人需要的信息资源,最大限度地提高数字化资源的利用效率,以满足多元化用户的信息需求。有了个体性,

才有针对性，才有时效性。

5. 知识服务是面向增值的服务

知识服务，它关注和强调利用自身独特的知识和能力，对现成文献进行加工，形成新的具有独特价值的信息产品，为用户解决其知识和能力所不能解决的问题。通过知识和专业能力为用户创造价值、通过显著提高用户知识反应和知识创新效率来实现价值，通过直接介入用户的最困难部分和关键部分来提高价值，而不仅仅是基于资源占有、规模生产等来体现价值。所以，多样化的模式并形成解决类似问题提供参考，节省了时间，降低了服务成本，在相同劳动的情况下使服务增值。其次，解决问题的知识可制成知识产品，形成一个个模块，根据问题的多样性组合出售。此外，利用提供的知识以及在此基础上加工、组织、创新形成的新知识、转化为高层次的生产力，这本身就是一种增值行为。

6. 知识服务注重的是创新服务

知识创新是一项更新知识的实践活动，它不仅需要科学研究部门从事知识的生产，而且需要有专门的机构和人员从事知识信息的收集、加工、整理和传播以促进知识的应用，图书馆具有专业化的图书情报资深服务人员，可以综合利用多种信息技术、网络技术为用户提供网络化、数字化的知识服务。可以根据用户的实际情况来收集和选择各种相关信息，对现有文献进行加工整理并形成新的知识产品，为用户解决其知识和能力所不能解决的问题，从知识服务的特征，我们可以看到，知识服务是区别于图书馆传统服务的一种深层次服务，它的服务对象也不是所有的图书馆读者，而是有着特殊需求的用户，随着网络信息技术的发展和用户多样化、个性化、深层次化的知识需求的增加，高校图书馆在多年知识服务实践的基础上，逐步形成了针对不同层次用户的知识服务模式。

（四）图书馆知识服务原则

图书馆知识服务是一种知识的"再生产"和"再创造"过程，要顺利而有效地开展知识服务，最大限度地满足用户需求，就需要按照一定的规律，遵循以下原则"办事"。

1. 针对性原则

图书馆开展的知识服务首先应该坚持针对性原则，根据各项知识经济建设的需求有针对性地获取经济建设知识，有目的精选与重组成新知识集成提供给专业用户，这样的服务才是最有效的服务。在信息"爆炸"的当今时代，经济建设知识也是层出不穷的，在图书馆及整个社会中的存量极为丰富，开展对口服务，有效地把适用的知识集成作为一种资源分配给对口建设项目，显得更为重要。以往图书馆重视开展定题追踪、课题咨询等多种形式的针对性服务，在知识经济时代更应重视搞好有针对性的各项知识服务。

2. 时效性原则

随着新知识的不断产生与扩散，原有知识就会降低或失去其作用，为满足知识经济时代用户对新知识的需求，图书馆及时获取各种新知识并作高效率的处理与快速传播非常必要。要提供及时的服务，图书馆必须拥有先进的技术设备及一支训练有素的专业队伍。有了这两个必要条件，图书馆就能在第一时间从某个地区及整个国际范围内收集到有用的新知识，就能在最短的时间内把重组的知识产品提供给用户，及时发挥各种新知识在经济建设中的最大作用。因此，图书馆开展知识服务，尤应坚持时效性原则。

3. 主动性原则

图书馆的知识服务，作为一项新确立的服务项目，如何有效开展，怎样才能提高服务效率，怎样才能提高服务质量，如何更好地满足知识经济时代用户的需求等，这些问题都需要图书馆工作者去探索，去开拓。探索与开拓过程中必然会遇到困难与挫折，随着知识经济的兴起与发展，图书馆工作者就得主动去适应新的经济建设形式，积极参与到知识经济建设中。开展一项新的服务项目，缺乏积极性是很难办好的。因此，图书馆工作者在知识服务中，还必须坚持主动性原则。

4. 持续性原则

知识经济，作为一种新的经济形式，从其产生、发展到转变，将会经过相当长的阶段。图书馆知识服务必然是一项长期的服务。图书馆工作者要有长期作战的思想准备，不断开拓进取，为社会做出更大的贡献，从而为图书馆事业发展营造强大的经济后盾，促进图书馆事业的又好又快发展。就一项知识经济建设而言，建设者所需的知识并非一次性的，而是要不断获取、更新、充实。图书馆为某一项知识经济建设提供知识服务，是专项跟踪服务，需要不断为建设者提供有用的知识产品。所以，图书馆工作者在知识服务中，坚持持续性原则也是必然的。

5. 营利性原则

按"谁享用、谁付费"的原则，应把价格机制引入图书馆知识服务中来。图书馆开展知识服务，更要坚持营利性原则，即要使图书馆的知识服务保证能帮助知识经济建设集团创造更大的产值，并为图书馆事业发展获得更好的经济效益，服务中坚持针对性、时效性、主动性和持续性等，实现知识服务的服务内容个性化、服务策略产业化、服务手段自动化、服务人员专家化、服务效果效益化，为社会及图书馆创造良好的经济效益。坚持知识服务的营利性原则，也就是要在服务中全面遵守上述原则，并要全面突出知识服务的各项特点，从而达到营利的目的。

四、现代图书馆工作中的知识产权问题

随着我国法治建设的不断完善，国际化进程的加快，各项法律政策也在逐步与国际接轨，在这种形势下，现代图书馆工作中涉及的知识产权问题已日益突出，我们不难发现，知识产权保护既给图书馆的现代化带来有利影响，也对图书馆的数字化、信息化发展构成挑战。这就要求我们要慎重对待，仔细研究各种法律依据，重视和适应知识产权保护的法律环境，敏锐地感知、发现和认真探讨新的知识产权保护问题，采取符合法律规定的系列措施，合法、规范地发展图书馆的信息化、数字化事业，在平衡各方利益的基础上做好图书馆的工作。

（一）知识产权的基本概念与基础理论

一门学科必须有明确的基本概念与基础理论，犹如百尺之树亦必有根，万丈高楼必起于地基。

1. 知识产权的概念与特征

知识产权是指法律赋予人们对脑力劳动创造的精神成果所享有的权力。它是一种非常实在的权利，根本言之，就是一种财产权，直接关乎人的利益。知识产权的保护对象是智力创造成果，无形性、时间性、地域性是知识产权的特征。知识产权是人们对"知识"这种"形"的排他的支配权，它是一种民事权利。

2. 知识产权制度历史

知识产权法与科技、经济有着特殊的联系，是近代商品经济与科学技术发展的产物，也是私法领域财产"非物质化革命"的结果。知识产权法的产生与发展，既是科技创新与制度创新的过程，也是科技、经济、法律协调发展的过程。

（二）充分认识知识产权制度在图书馆工作中的重要性

1. 加强知识产权保护和管理

知识产权制度是国家以法定程序和条件授予智力成果完成人在一定期间内拥有一定的独占权，并以法律手段保障这一权利不受侵犯的法律制度。随着当代科学技术的日新月异，世界范围内的经济竞争呈现信息化、知识化和全球化趋势的深刻变化，知识产权制度作为保护智力劳动成果的一项重要法律制度，在国家经济、社会发展和科技进步中的战略地位进一步增强，成为国家技术创新体系的重要组成部分，发挥着激励创新、规范竞争、调整利益的重要作用。

2. 加强与图书馆有关的知识产权保护和管理工作

应通过增加图书馆管理工作的知识产权内涵，改变科技奖励及人员职称、职务评定中重视论文发表数量、轻视知识产权的传统观念和模式，将形成并拥有知识产权的数量及其质量作为评定人员科研贡献及能力的重要指标之一。[1]

---

[1] 刘纪刚.图书馆阅读推广理论与实践［M］.北京：九州出版社，2019.

第三章 少儿图书馆阅读统计与管理

第一节 少儿图书馆阅读统计工作

一、少儿图书馆统计概述

（一）少儿图书馆统计概念

少儿图书馆统计是指对少儿图书馆工作中的各种数据进行收集和整理，并运用统计指标分析各种数量关系，找出规律，从中发现问题，采取相应调整措施的活动过程。它是少儿图书馆实行科学管理的重要依据，是少儿图书馆实行量化管理的重要手段。统计结果可以客观、准确和全面地反映少儿图书馆工作各个方面的状态和少儿图书馆活动的基本规律。对于少儿图书馆统计工作来说，完整的统计工作过程一般可分为统计调查、统计整理和统计分析三个主要阶段。

1. 统计调查

统计调查，即统计资料的收集，是根据统计研究对象的性质、研究目的和统计方案的要求，采用各种调查方法，有组织、有计划地针对少儿图书馆统计工作总体的各个方面，进行观察、登记，准确、及时、系统、完整地收集原始资料的过程。

2. 统计整理

统计整理是根据少儿图书馆统计工作的目的，对统计所收集的原始资料，按照一定标准进行科学的分组和汇总，使之条理化、系统化，将反映总体单位个别特征的资料转化为反映总体和各组数量特征的综合资料的工作过程。统计整理是统计工作的一个中心环节，是使我们对统计工作对象的认识由个体的认识过渡到对总体的认识，由感性的认识上升到理性的认识的必经阶段，是统计调查的必然继续，又是统计分析的前提和基础。

3. 统计分析

统计分析是指对经过加工整理的统计资料，应用各种统计分析方法，认识和揭示所研究对象的本质和规律性，做出科学的结论，进而提出建议和进行预测的活动过程。统计分析既是统计工作的最后阶段，也是统计工作发挥信息咨询和信息监督职能的关键阶段。

统计工作的上述三个阶段各有自己的特点、内容和作用。一般来说，是依先后次序进行的，但它们又是相互联系、相互制约的整体，任何一个阶段的工作失误，都会影响整个工作的顺利进行。通过整理统计资料，对统计资料进行分类，加以汇总，使之成为系统的、能说明现象特征的资料，进而对统计资料进行统计分析，才能揭示现象的本质和规律。统计工作的各个阶段紧密相连，缺一不可。

（二）少儿图书馆统计工作的主要内容

少儿图书馆统计工作的内容主要有藏书统计、读者统计、借阅统计、设备统计和少儿图书馆基本情况统计等。各种统计指标的有机结合能系统、科学地反映少儿图书馆的业务活动情况。

1. 藏书统计

藏书统计主要是指对馆藏文献信息资源的数量、文献类别和文种，以及费用、来源和藏书时间等的统计。其统计方法主要有分类统计和综合统计两种，主要以总括登记账、月报表和汇总表来体现。通过藏书统计，可以了解馆藏比例、数量和质量，对少儿图书馆馆藏有比较全面的了解和实现有效控制。

2. 读者统计

读者统计主要是指对少儿读书馆读者的数量、构成及其到馆情况的统计。其统计方法有综合统计、分类统计和动态统计三种。主要统计指标有读者人数、到馆人数、读者类型等。通过读者统计，可以从中了解读者和馆藏文献的比例关系，掌握读者动态。

3. 借阅统计

借阅统计主要是指对馆藏文献的流通情况进行统计，可以了解馆藏文献的利用情况。其统计方法有分类统计和综合统计两种。通过借阅统计可以掌握读者的阅读倾向和需要，明确馆藏文献的补充方向，进行有效的文献采购和补充。

4. 设备统计

设备统计包括家具设备统计和仪器设备统计。家具设备统计主要是指对书架、桌椅和其他办公设备的统计。仪器设备统计包括对计算机、服务器、网络设备、音响设备、监控设备、打印机、复印机、扫描仪等的统计。通过设备统计，既可以如实反映少儿图书馆拥有的设备情况，也可以反映少儿图书馆达到的现代化程度和数字化建设程度。

5. 少儿图书馆基本情况统计

少儿图书馆基本情况统计主要是指对少儿图书馆的基本情况，如馆舍面积、组织机构、人员情况、经费等的统计，是了解和掌握少儿图书馆最基础情况的有效途径。

除以上的统计外，在少儿图书馆工作中还有工作量统计、咨询统计、读者活动统计等。各种统计指标的有机结合能系统、科学地反映少儿图书馆的活动情况。例如，将借阅量与藏书量进行比较，就可以计算出藏书利用率，就能更好地掌握少儿图书馆的活动规律，促进少儿图书馆的建设和发展。

（三）少儿图书馆统计工作的意义

少儿图书馆统计工作是少儿图书馆制定规章制度和计划任务的重要依据，是少儿图书馆实现量化和科学管理的重要手段。文献信息资源的建设和利用有其自身的特点和规律，统计工作能客观、真实、准确地反映出其基本规律，使少儿图书馆的各项工作进入有序的、量化的良性运行轨道，是少儿图书馆实现文献信息资源科学管理的重要方式和决策依据。

1. 少儿图书馆统计工作是少儿图书馆进行现代化管理的重要手段

少儿图书馆制定各种规章制度、远期发展规划和近期工作任务，必须有科学的理论和准确的数据作为依据。要想获得真实可靠的数据，只有通过统计工作才能达到目的。通过统计工作得出的数量指标能够比较全面地反映少儿图书馆各种资源的拥有情况、所处状态和利用情况，从而为少儿图书馆开展各项业务工作提供重要依据。例如，对文献采购、编目加工和文献资料的入库等统计，可及时掌握少儿图书馆的馆藏文献数量、种类、入藏时间、文种、来源、馆藏地点等；通过对读者的统计，可以了解读者的数量、读者的构成；通过对借阅情况的统计，可以了解各种文献的流通量和不同种类藏书的流通周期，掌握馆藏文献信息资源的使用情况；通过对读者咨询工作的统计，可以使少儿图书馆有针对性地开展读者服务，及时改进服务模式和服务方式。这些数据是少儿图书馆各个工作环节的第一手资料，反映了少儿图书馆整个工作的基本情况，为少儿图书馆制定各种规章制度、远期发展规划和近期工作任务提供了数据依据，是少儿图书馆进行科学管理的重要手段。

2. 少儿图书馆统计工作是少儿图书馆完善读者服务工作的重要环节

读者服务工作是少儿图书馆工作的重点，是联系少儿图书馆与读者的窗口，对少儿图书馆与读者起着桥梁和纽带作用。做好读者服务工作是少儿图书馆的首要任务，要做好读者服务工作，就必须对读者和馆藏文献信息资源的动态指标有一定的了解，而各项数据指标是通过流通、阅览、读者咨询及信息服务等统计得到的。例如，对读者利用文献情况进行统计分析，可以了解读者对各类文献信息资源的需求情况，便于采购人员适当调整文献采购的品种和复本数量；通过对流通部门工作数据的统计分析，可以获得本馆一定时间内向读者提供文献资料的种类和数量指标，来检查对读者需求的满足程度；通过对拒借率的统计，可以计算出各类文献资料的拒借率，从而检验在一定时期内馆藏文献信息资源对读者需求的满足率。在读者服务工作中，要想做到针对读者的不同层次、不同需求，充分开发与利用馆藏文献信息资源，最大限度地满足读者的阅读需要和降低拒借率，从而不断完善读者服务工作，就要准确、及时地进行统计分析工作，并根据统计分析结果，开展针对性的服务，提高文献利用率，为读者提供更加精准到位的优质服务。

3. 少儿图书馆统计工作是文献资源建设的决策依据

少儿图书馆根据各自的任务确定文献资料的采购数量、重点及各类文献的比例等，都必须以统计分析数据为前提。通过对采编部门定期提交的文献采购数量和费用的统计报表，以及分编、加工、入库等的统计分析，使少儿图书馆管理者能够及时了解和掌握采编部门的文献资料采购、工作状况和藏书建设的情况，并结合流通部门的文献利用情况的统计分析，有计划、有重点、有步骤地配置文献购置经费，制订、完成各种文献资料建设计划和进行藏书建设决策。

4. 少儿图书馆统计工作是提高少儿图书馆社会效益的重要途径

通过统计工作，对少儿图书馆的各项工作状况、工作成果进行全面的收集、整理、分析，了解、掌握少儿图书馆的运行情况、读者服务的满意度、信息资源建设满足阅读需求的程度，特别是全年图书入藏情况、服务读者人次、图书外借册次、读者活动场次和人次的数据统计，并将相关数据与当地经济、文化、教育、社会发展水平进行综合考核衡量，综合考虑投入的人员、资金、设备、固定资产等相关情况，衡量少儿图书馆的服务能力与服务水平，大致测算少儿图书馆的社会效益。通过统计工作，促进社会各方面重视少儿图书馆事业发展，加大投入，提供更优良的社会环境和氛围，促进少儿图书馆事业稳步发展。通过统计工作，促进少儿图书馆管理决策者更好地做好少儿图书馆管理工作，督促少儿图书馆工作人员更加热爱少儿图书馆工作，努力为读者服务，使少儿图书馆的社会效益得到全面提高。

（四）少儿图书馆统计工作的途径

1. 增强统计观念，加强和重视统计工作

少儿图书馆管理者应从思想上提高认识，树立重视统计工作的观念，认识到统计工作是少儿图书馆实行科学管理的重要手段，是科学评估少儿图书馆的基础。统计数据能准确、及时、系统、全面地反映少儿图书馆的全部活动情况，做好统计工作会使少儿图书馆的决策更加科学化、规范化，使少儿图书馆的各项工作顺利进行。少儿图书馆应重视本馆各个业务部门的统计工作，把统计工作当成日常工作的一项重要内容，经常督促检查，提高统计人员对统计工作的认识，把统计工作作为提高少儿图书馆管理水平和各项业务工作质量的一项重要任务，这是做好统计工作的基本保证。

2. 建立基本统计范畴，完善统计指标和标准

少儿图书馆的各项统计工作又有建立基本的统计范畴，才能科学地反映少儿图书馆的情况。如对服务对象的统计，有利于确定藏书重点范围和确定图书采购复本量，也更有利于做好读者服务工作，统计范围包括各年龄层少儿读者人数，同时也包括各年龄层的成人读者人数等。又如藏书与经费的统计，包括藏书数（全馆各类图书、期刊、报纸等收藏情况）、新增入藏数（每年新购各类图书、期刊、报纸等情况）、经费使用情况、藏书分布情况（各书库藏书统计）、藏书注销情况统计等。

少儿图书馆应根据工作的实际需要，不断地完善统计的指标和标准，及时增加新的统计内容，制定新的统计标准，完善统计指标，达到促进少儿图书馆工作的目的。在信息时代，应加强各类读者咨询、电子信息资源利用、资源共享等方面的统计，使统计工作适应不断发展的少儿图书馆工作。

3. 提高统计工作人员素质，确保统计工作质量

统计数据是否真实准确，还取决于统计工作人员的素质、责任心和敬业精神。要保证统计工作的质量，要求统计工作人员要具备相关的统计分析、计算机应用等诸多技能，要具有较强的责任心和较高的职业道德。少儿图书馆要对统计工作人员加强培训，制订培训计划，提高专业素质和工作能力，使他们成为具备一定的统计知识和计算机应用知识、有良好职业道德和强烈责任感的统计工作人员，从而确保少儿图书馆统计工作的质量，保障少儿图书馆各项工作得到不断发展。

（五）少儿图书馆统计工作的要求

少儿图书馆统计工作是少儿图书馆的一项基础性工作，这一工作直接关系到能否确切、真实地反映少儿图书馆工作的客观实际，得出正确的结论。少儿图书馆统计工作总体要求应该做到准确性、及时性、全面性、系统性和经济性。

1. 准确性

少儿图书馆统计工作的准确性，是指提供的统计资料必须符合少儿图书馆工作的客观实际情况，保证各项统计资料真实可靠，尽量避免误差，具有较小的调查误差。少儿图书馆统计工作只有做到了准确，才能为正确分析研究提供客观依据，做出科学结论。统计数据的准确性是少儿图书馆统计工作的关键要求。

2. 及时性

少儿图书馆统计工作的及时性，就是要求保证少儿图书馆统计所得到的资料的时效性，资料提供得越及时，其时间效用就越大，就越能体现资料的使用价值。过期的、陈旧的资料落在少儿图书馆工作发展的后面，就失去了应有的效应，起不到或部分失去统计的真实作用。

3. 全面性

少儿图书馆统计工作的全面性，就是要求收集的资料必须全面、翔实，应该包括全部资料，不但要有数字资料，还要收集能深入说明调查对象具体情况的文字资料，甚至要收集有关的图片、声音、影像等资料，做到收集的资料尽可能反映调查对象的方方面面。

4. 系统性

少儿图书馆统计工作的系统性，就是要求收集的资料具有系统性，便于系统观察。这样才能从不同层次、各个方面反映现象发展的过程、特征及问题，从而得出正确判断。

5. 经济性

少儿图书馆统计工作的经济性，是指在满足一定准确度要求的前提下，尽量减少人力、物力、财力和时间的投入。少儿图书馆统计工作要讲究经济效益，重视经济性要求，努力降低统计成本，以较小的投入获得所要求的统计资料。

二、少儿图书馆统计种类

（一）藏书建设统计

藏书建设是少儿图书馆开展各项工作的物质基础。藏书建设的第一步是文献采购，担任文献采购的工作人员必须充分做好少儿图书馆各项藏书建设统计工作，才能从根本上把好文献采购这一关。

1. 预订统计

预订统计指的是对少儿图书馆预订的各类文献情况的统计。主要有：年文献总括统计，主要项目有种类、册数量和金额；年预订分类统计，少儿图书馆一般设置社会科学，文化、科学、教育、体育，语言、文字，文学，自然科学、综合性图书四大类，主要项目有种类、册数量、平均复本率、金额。除此之外，还应当设有中标商预订统计、函购预订统计、网购预订统计、报刊预订统计、电子文献预订统计等。

做好预订统计，能使采购人员预测购书经费的使用、掌握文献发行状况、文献到馆时间和时间差，了解文献出版发行与藏书建设的联系，认识文献发行规律和动向。通过预订统计能大致掌握文献从征订到文献到馆的周期变化规律，通过预订价和验收价的比较可以掌握文献价格的变动趋势。通过预订统计，采购人员在开展工作时能够处于主动地位，避免主观随意性，提高图书采购质量。

2. 购书经费统计

购书经费统计是指对年度购书经费使用情况的统计。采购人员必须根据采购要求，有计划、有分配地合理使用经费。采购人员必须对不同类型、不同文种、不同渠道所使用的图书经费进行预算分成，这就必须做好购书经费统计工作，在取得经验和数据的基础上科学而合理地使用购书经费。在登记好每笔购书经费使用情况的前提下，购书经费统计一般一年两次，即上半年与年终分别统计一次。购书经费统计的目的是保证文献流与购书经费流向一致，比如中外文图书比例、书刊比例、社会科学图书与自然科学图书比例，少儿图书馆还要充分考虑绘本图书、连环画等文献的比例。

3. 少儿图书馆藏书统计

少儿图书馆藏书统计是指从少儿图书馆藏书的数量与质量的相互联系中，来研究它的数量发展变化程度及其规律性的一种统计。少儿图书馆藏书统计包括图书、期刊等印刷型资料，也包括电子资源等类型的数字化资料。统计类型可分为藏书综合统计、藏书分类统计和藏书专题统计三种。少儿图书馆要高效率、高质量地收集读者需求的文献资料，必须根据本馆的实际情况，制订图书采购计划，确定各种类型文献资料的采购数量、构成、重点和比例，最大限度地满足读者的借阅需求。藏书采购计划制订出来之后，是否符合实际，还需要根据藏书统计来检查计划执行情况。如果发现问题，要根据藏书统计提供的统计数据修改计划。藏书统计对制订藏书采购计划、检查计划执行情况、保证图书采购质量等提供了非常重要的依据。

（二）读者服务工作统计

读者服务工作是少儿图书馆工作的重要组成部分，是少儿图书馆工作的重心和根本。做好读者服务工作统计，是促进馆藏建设、提高文献信息资源收藏质量的重要措施，是提高读者服务质量的必然要求，是检验少儿图书馆办馆效益的一个重要尺度。读者服务工作统计主要包括读者统计、图书外借情况统计、图书阅览情况统计和参考咨询情况统计。

1. 读者统计

读者统计指的是读者的数量、构成及其到馆情况统计。读者统计不仅要求有读者数量、历年读者数量的变化，还要反映出少儿年龄和成人等不同成分读者的数据。通过读者统计，可以了解少儿读者的阅读需求和阅读范围，找到图书流通的规律，从中分析出读者和馆藏文献的比例关系，掌握读者状态，归纳出读者分析和藏书补充的有效数据。

2. 图书外借情况统计

图书外借情况统计指的是图书被读者外借带出馆外阅读的情况统计。通过图书外借情况统计，可以了解馆藏文献的流通外借情况和读者利用情况。通过这种统计，可以从中掌握读者的阅读倾向和需要，为馆藏文献补充提供依据。通过统计图书外借情况，可以了解读者的阅读需求，掌握读者的阅读兴趣和热点，可以更好地进行藏书建设和为读者提供服务。图书外借情况统计主要包括两个方面：一是读者到馆人次统计，二是外借图书册次统计。

3. 图书阅览情况统计

图书阅览情况统计是指读者在少儿图书馆内阅览书刊的情况统计。由于少儿图书馆内阅读一般不需要登记，无法通过自动化管理系统进行统计，主要通过手工登记，即对读者一定时间段内阅览的书刊进行登记并汇总统计。这种统计主要在特定需求如开展馆藏调研、报刊利用分析时进行。

4. 参考咨询情况统计

参考咨询情况统计是指对回答读者咨询的情况统计。这项工作要求平时在回答读者正式咨询时要做好记录，读者服务工作统计是少儿图书馆统计工作的组成部分。通过对一定时期内图书外借情况和阅读情况的统计，可以反映出读者利用少儿图书馆的情况及少儿图书馆的藏书利用情况，同时也可以反映出少儿图书馆对读者阅读需求的满足程度、工作成效及存在的问题。通过对统计材料的分析，可以得出有关流通服务的统计指标，作为检验工作、总结经验、改进工作方法及修订计划的依据。

（三）少儿图书馆的其他业务统计

少儿图书馆的业务统计工作除藏书建设统计和读者服务工作统计外，还有其他一些统计项目，如经费统计、固定资产统计、工作人员统计、馆舍建筑面积统计、工作量统计等。

经费统计包括各年度经费总数统计、经费来源统计、经费中用于采购书刊的经费统计、年度经费收支情况统计等。

固定资产统计包括书架、阅览桌椅、复印机、计算机、打印机、试听设备等的统计。

工作人员统计包括工作人员的数量、性别、年龄、学历、职称、工作年限等的统计。

馆舍建筑面积统计包括少儿图书馆总建筑面积和各部门使用面积的统计，如书库、阅览室、办公室等的面积。

工作量统计包括采购、分编、加工图书的种类、册数量，读者接待量等的统计。

通过对少儿图书馆的各项业务的统计，可以了解少儿图书馆的各种基本情况，反映少儿图书馆的发展状况，为研究少儿图书馆的特征和规律、总结少儿图书馆工作中的成绩或存在的问题，以及采取相应对策等提供系统而准确的数字。通过统计工作，可以对少儿图书馆的服务水平、服务质量和效果等进行考核和监督，了解少儿图书馆所发挥的社会效益。通过统计数据的分析，可为各级领导部门制定少儿图书馆事业的方针政策、发展规划及年度计划等提供确切的统计数据和分析资料，为实现科学管理提供可靠的依据。

三、少儿图书馆统计分析

（一）统计资料的整理

统计资料的整理是少儿图书馆统计工作的重要组成部分，它是根据统计工作的任务和要求，对统计所得到的资料进行分类分组、综合汇总，使之条理化、系统化，成为能够反映统计对象总体特征的统计资料的过程。它是少儿图书馆统计工作的重要步骤和环节，是统计分析的基础和前提。

1. 统计资料整理的类型

少儿图书馆统计资料整理的类型，可分为定期统计资料整理（按一定时间阶段对统计资料进行加工整理）、专题统计资料整理（按内容对少儿图书馆某种现象调查的资料进行加工整理）、历史资料的整理（对少儿图书馆整个发展过程中的统计资料进行整理）三种类型。

2. 统计资料整理的内容

少儿图书馆统计资料整理的内容，包括对调查资料的审核、统计分组、统计汇总和运用统计图表，它们构成了统计资料整理工作的完整过程。

（1）调查资料的审核

调查资料的审核就是对统计调查的资料进行检查和复核，基本要求就是检查其完整性、及时性和准确性。在检查中，对于发现的问题应及时纠正。

（2）统计分组

统计分组就是按一定的标准，将调查资料划分为若干性质相同或相近的几个组成部分，以揭示少儿图书馆内部的构成、类型及它们相互之间的联系和区别。分组标志可分为品质标志和数量标志两种。品质标志就是按事物的质量属性和性质差异分组，它能够直接反映事物性质的差异，给人以具体、明确的印象，且具有相对稳定性。数量标志是按事物的数量差异分组。此外，统计分组还需要确定分组标志选择的多少，亦即采用简单分组法还是复合分组法。统计分组整理的结果就是分配数列，它能说明总体的结构情况。

（3）统计汇总

统计汇总就是对分组资料进行加总计算，得出分组数值和总计数值的过程，这是统计资料整理的主要内容。汇总的组织方式有逐级汇总、集中汇总、会审汇总等，汇总技术有手工汇总、计算机汇总等。目前，少儿图书馆统计汇总主要运用计算机汇总。

（4）运用统计图表

统计图表是统计图和统计表的合称，它们是统计资料整理的表现形式。

统计图是利用图形来表现统计资料的一种形式，它不仅给人以直观、醒目、具体的印象，且具有生动、形象、说服力强的优点。少儿图书馆统计资料整理中常用的统计图有条形比较图、圆形结构图、统计曲线图等几种。

统计表是系统地表述数字资料的基本形式，它可以系统地组织和科学地安排大量的数字资料，便于对照比较，使统计资料显得系统、紧凑、鲜明。统计表的结构从外表形式上看，由标题、横行、纵栏和数字资料四部分组成；从内容上看，包括主词和宾词两部分，主词是统计表所要说明的对象，宾词是用来说明主词的各个指标。

（二）统计分析

少儿图书馆统计分析是运用统计分析的科学方法，对统计资料进行分类研究，从而揭示矛盾、总结经验、探寻其规律性，以改进工作的方法。分析就是将事物、现象、概念等划成简单的部分，找出它们的本质属性。统计分析是提供统计成果的重要阶段。少儿图书馆统计分析就是要分析少儿图书馆计划的执行情况，分析少儿图书馆发展的速度和各种比例关系，分析少儿图书馆工作中的先进典型和薄弱环节。要注意统计分析的及时性、统计资料的真实性、分析方法的科学性，以及分析结论的全面性。

1. 统计分析的步骤

（1）确定统计分析的课题和分析目的

确定分析课题就是选择对本馆最有意义、最急需解决的问题；明确分析目的就是确定本课题统计分析的具体任务和要求。在确定分析课题和目的后，就要确定分析的具体内容、范围和重点，并拟订分析提纲。

（2）搜集和鉴别统计资料

资料的充实、丰富和准确是统计资料收集工作的基本要求。鉴别统计资料要鉴别其真伪、评价其价值高低，主要从资料的准确性和资料的可比性等方面入手。

（3）核算统计分析指标，进行分析研究

核算统计分析指标，进行分析研究，是统计分析的中心环节。对统计资料运用各种分析方法（如综合指标法、动态数列法、指数法等）计算出各种分析指标，多方面、多角度、多层次地进行分析研究，从而揭示问题的本质，为做出正确结论提供根据。

（4）得出结论，提出建议

统计分析的结论，就是对分析时所提出的各项问题，得出有科学根据的答案，亦即对分析结果的概括说明。同时，要提出解决问题、改进工作的合理建议。

2. 统计分析的方法

（1）综合指标分析法

综合指标是指从数量方面综合说明统计对象总体特征的指标。利用综合指标来分析所研究对象的方法就是综合指标分析法。通过综合指标分析法，可以从数量方面了解和把握少儿图书馆的全貌，从而获得一个总的认识和印象。综合指标分析法是少儿图书馆统计分析的基本方法。

（2）动态数列分析法

动态是指被分析对象在时间上发展变化的情况。把反映某一分析对象发展变化情况的一系列统计指标，按时间的先后顺序排列所组成的数列，称为动态数列。运用动态数列进行比较分析的方法，就叫动态数列分析法。分析动态数列的发展速度和增减速度，是了解事物的变化过程，掌握发展趋势的重要方法，为制订计划与编制规章制度提供依据。

（3）指数分析法

指数是说明分析对象动态的一种相对数，它是某种分析对象不同时期的可比数值之比，一般用百分数表示。所谓指数分析法，就是利用指数来分析研究现象总的变动情况，从数量上分析其受各因素影响的方向、程度，以及绝对数量的方法。

（4）对比分析法

对比分析法是通过比较来研究事物发展的规律，利用各种相对指标来说明分析对象的不同的相对水平、不同的结构性质、不同的普遍程度等情况的统计方法。

相对指标是在一种现象和过程中两个相互联系的指标的比值，用以说明这些现象和过程所固有的数量对比关系。应用对比分析法不但可以对计划的执行情况进行进度分析，还可以进行预计分析。

（5）分组分析法

分组分析法是将统计资料按某些变动标志分成若干部分进行研究的方法。它的主要内容在于区别现象之间存在的质的差别，也就是通过分组把总体内不同性质的单位分开，使性质相同的单位归在一组内，然后进一步从数量方面揭示现象内部的联系，从而深入说明总体的特征与规律。

（6）结构分析法

结构分析法是计算某一事物的各个部分在总体所占比重的分析方法。它是以分组法为基础的，在分析中常用结构相对数计算各个部分的数值对总体数值的百分比。结构分析法主要运用于分析事物内部结构的差别、事物内部结构的依存关系，以及事物内部结构的变化趋势三个方面。除上述六种统计分析方法外，其他还有平均分析法、因素分析法等。

3.统计分析报告

统计分析报告是少儿图书馆统计分析结果的重要表述形式，是统计分析的最后程序。

（1）统计分析报告的种类

根据编写的目的和它所起的不同作用，统计分析报告可分为三种类型：一是专题分析报告，针对某一专门问题，经专题分析研究后形成的书面报告，其特点是重点突出、开门见山、分析问题、步步深入，作用在于它所说明的问题集中，提出的建议具体、针对性强。二是计划检查分析报告，是在对计划执行情况进行全面检查之后形成的书面报告。三是综合分析报告，是对全馆各项工作统计分析的结果进行研究之后形成的书面报告，特点是内容全面，作用在于有助于管理人员从各方面考虑问题，从而采取有效措施来提高领导和管理水平。

（2）统计分析报告的结构

统计分析报告的结构包括基本情况、成绩和经验、问题及其原因、建议或措施四个方面。

（3）统计分析报告的编写

统计分析报告的编写要求主题要鲜明，中心要突出，材料要充实，观点和材料要统一，判断推理要符合逻辑，层次要清楚，结构要严谨，文字要简练、准确、生动。具有准确性、鲜明性和生动性是统计分析报告所应达到的基本要求。

四、少儿图书馆统计要求

(一) 统计工作制度化

统计工作最重要的就是要有一套切合实际、科学、完善的业务统计制度,以规范统计工作,减少工作的随意性,确保统计数据真实、准确、及时。

首先,少儿图书馆管理者要对统计工作给予重视,并合理分配人员,加强办公室与其他各部门的统计分工合作。少儿图书馆应指派一位副馆长或办公室主任主管全馆的统计工作,由办公室设专人对统计工作进行统一管理、业务指导和组织协调,并负责检查、核算、汇总各部门报送的统计数据,同时办公室还负责制定本馆统计工作的制度和标准,而各部门需要配备兼职统计工作人员负责收集原始数据、填制报表及其他统计调查工作,从而建立以办公室为中心的统计工作体系,实行"馆领导—部门领导—兼职统计人员"的统计工作分级管理责任制,将统计工作分配到人,做到职责明晰。明确的分工与合作不仅能够减少多头统计造成的"数据打架"情况的出现,还能准确、客观地汇总分析一线数据,确保分析结果真实可靠。

其次,完善报表填报制度,实行数据质量责任制。各部门要严格执行办公室制定的统计报表填报制度,按规定的填报要求、提交时间等登记本部门相关业务数据,并报送办公室。此外,各部门应建立相应的业务统计台账,按月登记主要指标数据,尤其是流通部门,更应该按日(周)登记统计台账,做到日记录、月汇总,保存所有原始数据;数据上报后不得擅自修改,以免重复统计造成数据失真。少儿图书馆还应加强数据质量的全员管理和全过程管理,无论对于专职统计人员还是兼职统计人员,都应建立明确的责任制,谁出问题追究谁的责任;逐年逐月累积数据,保持统计工作的准确性、连续性,不搞"突击"。

最后,建立统计报告制度,重视统计分析工作。数据只是统计的原始形态,而统计分析报告则融合了数据、图表、实际情况、存在的问题、改进建议及对未来预测等的信息,更便于领导阅读、理解和利用,有利于上下级的顺畅沟通,并能够真正应用于少儿图书馆的管理工作中。统计分析既是整个统计工作的核心环节,也是少儿图书馆统计工作的薄弱环节,必须加以重视,以制度严格规范。各部门不但平时要做好细致的统计工作,及时向办公室报告基本统计数据,还要定期分析统计资料,提交阶段性统计报告。例如,在每项统计调查结束或部门半年、年度总结时必须形成统计分析报告,向相关领导报告调查结果及本部门主要业务开展情况,从而为领导制订各项工作计划、布置工作任务提供科学的决策依据。

（二）统计工作标准化

统计工作标准化主要是指统计指标、统计口径、统计方法、统计格式等统一、规范。

少儿图书馆可以参考评估定级要求制定统一的统计标准。因为评估定级要求的细则就是具体化的少儿图书馆业务工作规范和行业标准，对于评估定级后的少儿图书馆工作及下一次"迎评"工作具有极为重要的指导意义。少儿图书馆需要确定一套完整、合理的统计指标体系，以便能全面评价少儿图书馆各部门乃至全馆的工作绩效。此外，少儿图书馆应积极参与地区内、系统内的专题工作研讨会，以便于同行之间沟通认识、交流经验，同时根据自身的实际情况，也可以在本地区、本系统内形成统一的统计标准模式，以提高统计工作质量，进而有利于实现信息共享。

（三）建立统计档案

统计数据与档案材料是相互对应的，档案工作是统计的基础。少儿图书馆各业务部门在统计每项数据前就应将对应的材料收集齐全，根据材料填报数据。各少儿图书馆在制定档案管理制度时，就应对统计时将会涉及的基础材料、数据提出相应的要求，形成一套特定的统计档案工作流程。同时，统计工作也与档案工作一样具有连续性、积累性的特征，少儿图书馆工作人员在平时就要养成随时保存原始材料、统计数据的习惯，注重积累有价值的统计原始数据、统计报表、统计资料，定期将这些连同统计分析报告交由部门兼职档案人员，由档案人员按照本馆业务档案管理制度要求进行分门别类、立卷归档、妥善规范的保存。档案工作是一项长期的、具有延续性的工作，为了避免领导更换或统计人员调整给统计档案工作带来的影响（特别是业务部门的兼职统计人员一般调整较为频繁），少儿图书馆必须重视统计人员更换时的手续交接工作及材料的妥善保存，制定系统的操作流程和移交手续，以确保统计资料的完整性、连续性和可靠性。

（四）加强统计工作的自动化、信息化、网络化建设

目前，少儿图书馆自动化管理系统在办公和流通领域的使用已进入成熟阶段，信息化、网络化建设也已全面开展。其中，业务统计子系统已经初步满足日常业务工作中的基础统计、查询需求。但随着少儿图书馆新的业务工作的广泛开展，业务数据的统计范围和使用价值越来越大，对统计结果的准确性、时效性、实用性和多样性提出了更高的要求。因此，少儿图书馆技术部人员与统计人员应适应少儿图书馆业务发展形势，汇总分析各种业务需求，开发、修改适应少儿图书馆发展的统计软件，进而实现网络环境下少儿图书馆统计信息资源的共享。

构建馆部业务办公室、业务部门、具体相关工作人员三位一体的统计信息化

网络体系,加强部门间的协调。统计应用软件系统要适应网络化需求,少儿图书馆应在各部门设立统计数据终端,以便于将各部门统一纳入数据采集系统,并由部门兼职统计人员定时或实时输入相关数据。同时,系统还应具备自动保存、统计、生成表格或图形的功能,并可根据需要随时打印出来。

支持并鼓励统计工作的研究和创新。少儿图书馆各部门应共同参与制定统一的统计工作标准,集中力量开发、研制适合少儿图书馆工作的统计软件包,在确保各项业务数据准确的基础上,改进少儿图书馆统计数据的收集、存储和处理方法,使系统具备方便、灵活的数据分析功能(如数据可以灵活转换成图表、网页的格式等)、统计结果能够打印输出、格式直观易控。

重视统计人员的继续教育培训。拥有稳定、高素质的统计人员队伍是做好少儿图书馆统计工作的关键。少儿图书馆统计工作需要具备扎实的少儿图书馆业务知识、专业的统计基础知识,以及丰富的计算机知识和操作技能的复合型人才。少儿图书馆应多举办或鼓励统计人员参加各种形式的学习和培训,使其在原有知识的基础上,熟悉相关电脑软件的使用,掌握现代信息技术和方法,以保障少儿图书馆统计工作自动化、信息化、网络化的顺利开展。[①]

第二节 少儿图书馆阅读管理工作

一、少儿图书馆管理概述

(一) 少儿图书馆管理含义

所谓少儿图书馆管理,就是指少儿图书馆的主管者,通过实施决策、组织、领导、控制和创新等职能来协调工作人员的行为,合理地规划、组织和最大限度地发挥少儿图书馆的人力、物力、财力的作用,以达到少儿图书馆预期目标的活动过程;主要是将各项行政和业务工作按照一定的法则和要求组成一个有机整体,制订计划,加以指挥,协调各方面的关系,解决工作中出现的问题,控制其运行的方向和建设,使各项工作顺利进行、协调发展,这是完成少儿图书馆任务、实现预定目标的思想和组织保证。

(二) 少儿图书馆管理意义

少儿图书馆的科学管理是各个部门组织系统、业务工作各个环节的纽带,是完成各项任务的有力保证。少儿图书馆应该按照科学管理的原则、方法、手段来决策、计划、组织、指挥、监督、控制、协调少儿图书馆人力资源和物质资源,

---

[①] 沈建勤.少儿图书馆建设理论与实践[M].南京:东南大学出版社,2013.

以期最合理、最有效地实现最优化管理,达到预期目标。

1. 促进少儿图书馆资源的合理运用

科学管理能够促进少儿图书馆资源的合理运用,提高少儿图书馆各项工作的效率。少儿图书馆只有进行更多科学的、系统的管理,才能最有效地使用文献、人员、设备、资金等资源,最充分地调动少儿图书馆成员的主动性和积极性,促进少儿图书馆各项工作低耗、高效地发展,更好地完成少儿图书馆的目标任务,提高少儿图书馆工作的经济效益和社会效益。

2. 有效地发挥文献资源的作用

科学管理能够有效地发挥文献资源的作用。只有运用科学的方法加以处理,文献才能被人们所利用。文献是主要信息来源,应将文献中的内容及其价值充分地揭示出来,使其成为有条理的知识系列。在文献量急剧增长的当代社会里,少儿图书馆要对数量庞大、内容复杂的文献进行准确的挑选和科学的整理加工,以便及时地将信息传递到用户手中,没有科学的管理是根本不可能的。所以,科学管理是有效地利用文献资源的前提。

3. 实现少儿图书馆工作现代化的需要

科学管理是实现少儿图书馆工作现代化的需要。少儿图书馆组织管理科学化,是少儿图书馆工作现代化的重要内容,也是实现少儿图书馆工作现代化的基础,没有少儿图书馆组织管理科学化,也就无法实现少儿图书馆工作的现代化。要建立起现代化网络,就必须加强对少儿图书馆工作和少儿图书馆事业的科学管理。不实行科学管理,不提高科学管理水平,即使有了先进技术和设备,也不能充分发挥作用。现代化网络的建设,不仅取决于现代化的技术和设备,而且也取决于科学管理的水平。

(三)少儿图书馆管理原则

1. 儿童化原则

少儿图书馆是为少年儿童服务的,因此在管理上应把儿童化原则摆在首要的地位。儿童化原则是指少儿图书馆在业务部门的设立,设施与环境的布置,人员的素质与培训,经费使用及业务活动的安排等各个环节上,都应充分考虑到少年儿童的身心健康发展及特殊的要求。例如,少儿图书馆的建筑物应体现儿童特色;各个开放窗口的家具设施要生动活泼;藏书建设要搜集优秀的儿童出版物及声像资料;人员结构上要充实懂儿童心理学及教育学的专门人才;要贯彻为儿童读者服务的指导方针,等等。总之,儿童化原则应贯穿于少儿图书馆的业务管理、财物管理、人事管理等过程之中。

2. 系统原则

系统原则是指必须把少儿图书馆工作看作是由若干个相互关联、相互制约的有机组成整体。根据这一原则，相对于文献采访、编目、典藏、流通、阅览、检索、资源开发等各个少儿图书馆工作环节而言，少儿图书馆就是一个系统；而相对于由少儿图书馆、出版社、书店、网络等机构组成的文献信息传播系统而言，少儿图书馆就是组成这个更大系统的一部分（子系统）。少儿图书馆系统原则具有整体性、层次性和开发性等特征。

系统整体性是系统性的最基本特征。我们要结合少儿图书馆自身的性质、任务、规模、内部资源状况，合理构建组织机构，调整好各个子系统之间的协作关系，树立全馆一盘棋的思想，在全体工作人员思想上真正形成认识上的共识，共同奋斗，努力实现少儿图书馆的目标。

系统的层次性是指无论在少儿图书馆内部机构的设置上、人力资源的配置上，还是在工作任务的分解上，都要做到有合有分，环环相扣，区别对待。特别在岗位职责的制定与执行上要有所体现，在任务分配上要有所分解，对少儿图书馆工作人员的要求应有所侧重。

系统的开发性是正确处理好少儿图书馆与地方相关部门、少儿图书馆系统、服务对象的关系；广泛地了解社会、了解市场、了解读者、了解少儿图书馆工作人员思想，发挥少儿图书馆特有的对信息的敏感性，及时采取适当的策略，解决各种需求，使少儿图书馆在社会发展中发挥重要的作用。

3. 效益原则

少儿图书馆始终应该将社会效益放在主要地位。读者的办证率、到馆率、借阅率等数据与指标是衡量少儿图书馆工作的基本标准。少儿图书馆工作效益可分为社会效益与经济效益。所谓社会效益，是指少儿图书馆的工作能对社会和读者产生良好的效果与收益。少儿图书馆将收集、加工、整理的文献信息提供给少年儿童利用、吸收、消化后，就会产生有益的效果。例如，通过优秀图书的流通、各种类型的读书活动，可以帮助读者提高阅读、写作能力，培养高尚的道德情操，提高读者的科学文化水平，等等。这些都是积极的社会影响，即社会效益。所谓经济效益，是指少儿图书馆工作中的人力、物力、财力的投入与产出之比。少儿图书馆的服务对象是少年儿童，他们通过读书，增长了智力，培养了能力，这是最大的经济效益。

少儿图书馆办馆要注重经济效益，减少无效投入，提高有效利用；要精打细算，开源节流；要研究如何最合理地安排使用人力和经费，最充分地发挥设备的作用，力求用最少的经费为读者补充最需要的文献资料，以最优良的服务满足读者的需求，合理组织人力、物力、财力，达到低耗、高效、优质的结果，获得最大的效益。

（四）少儿图书馆管理内容

1. 业务管理

业务管理的主要内容有：各项业务工作的计划决策，如采集书刊的品种及复本数量等，分类法的选择，开架与闭架方式，书库的设立，部室的确定，等等。各项业务工作方式与程序的界定，业务制度的确立，业务标准的实施和检查，业务研究工作的组织与安排等。

2. 人员管理

人员管理的主要内容有：各级少儿图书馆人员编制及结构的确定，工作人员的合理调配，职工的政治思想工作，干部的考察与任用、考核与晋升，人际关系的协调，人事档案的管理，人员的培训及方式，奖惩制度的制定与执行，等等。对人的管理，要突出"人尽其用""知人善任"，使之各得其所，树立人力资源观念，努力调动人的积极性。

3. 财务管理

财务管理的主要内容有：经费的预算与支配，经费开支的统计和审计，经费调拨与结算，固定资产账目管理及专项流动资金管理，设备的选择、购置、使用、保养与维修，等等。要学会理财，利用有限的财力，使藏书、设备、馆舍达到最佳服务效果。对"物"的管理，要提高利用率，合理布局，妥善保护，发挥其最大使用价值。

4. 行政管理

行政管理的主要内容有：管理体制与管理结构的优化，管理职能及业务工作部门的建立，工作范围及其职责权限的确定，各种规章制度的健全和完善，工作计划和统计报表的编制，后勤工作的组织，等等。

二、少儿图书馆组织机构

（一）少儿图书馆组织机构的作用

少儿图书馆工作组织，是少儿图书馆根据其方针任务，结合本馆的具体情况，有计划、有步骤地把全馆工作进行科学安排。一方面把少儿图书馆全部业务工作合理地组织起来，既有明确分工，又能相互配合，使全馆各项业务工作成为一个有机的整体；另一方面要采取种种措施，促使少儿图书馆行政事务工作紧密配合业务工作，以保证少儿图书馆方针任务的贯彻落实。由此可见，少儿图书馆工作组织是贯彻方针任务，开展业务工作的一种手段。少儿图书馆工作人员的积极性和馆藏文献资料的作用能否充分发挥，在一定程度上都取决于少儿图书馆工作组织是否合理。

少儿图书馆组织机构就是少儿图书馆系统内部组织机构，是少儿图书馆各个部门的总和。它根据少儿图书馆系统的目标、目的和计划，将人、财、物按照一定的法则联结成一个个单元，设立不同层次的行政与业务部门，并规定各部门的隶属关系和相互关系、职能和职权分工，以及人员编制、技能的配备与协调，明确其职责范围，从而使少儿图书馆成为一个结构有序合理、功能完备的有机整体。可以说，组织机构为少儿图书馆工作人员提供了一个为达到共同目的而互相合作的有效方式和良好环境，是少儿图书馆实现管理目标的一种手段，它对少儿图书馆管理具有重要的意义和作用。

1. 组织机构是少儿图书馆进行科学管理的组织保障

组织问题是管理的重要问题。无论是对人或物，还是对单个少儿图书馆或整个少儿图书馆的事业建设，要想对其履行计划、指挥、协调、控制和监督等管理职能，都必须有一定的组织活动和一定的组织机构。否则，任何一项管理职能都无法实现。可见，组织既是管理活动的一项重要职能，同时又是管理活动得以进行的前提。有了合理的组织结构，才有可能分层负责，分级管理，更好地贯彻自上而下和自下而上的民主集中制的领导方法与责、权、利相一致的管理原则。只有通过组织机构对少儿图书馆要素的合理调配和科学组织，才能提高少儿图书馆的管理水平和管理效率。

2. 组织机构是实现少儿图书馆既定目标的手段

少儿图书馆组织机构对于搞好劳动组织，实现岗位责任制，配合少儿图书馆工作人员拟定工作计划，制定规章制度，合理地使用经费，做好各项工作，以及更好地完成少儿图书馆的方针任务，都是必不可少的前提。此外，通过组织机构的设置，将性质相同或相近的工作组织在一个部门，使多种工作有宿可归，有条有理，工作起来就可以节省时间、简化手续、减少层次。这样，不仅能提高工作效率，而且可以避免由于程序过繁而出现差错，提高工作质量。

3. 机构设置直接影响着少儿图书馆管理职能的发挥

有了合理的组织结构，才可能为各项工作提供明确的指令，有助于组织内部人员之间的合作，使各项工作的开展更具有序性和预见性；有助于保持各项工作的连续性；有助于正确确定各部门的活动范围及劳动的合理分工与协作，提高工作绩效，从而更好地发挥少儿图书馆的管理职能。相反，如果组织机构设置不合理，则可能会出现种种弊端。如分工不清，职责不明；各执一方，协调困难；功能不全，指挥不力；缺乏弹性，应变力差；人浮于事，相互推诿等现象。这不仅影响各项工作的正常开展，还会影响到整个少儿图书馆职能的正常发挥。

（二）少儿图书馆机构设置原则

1. 方便读者，便于管理

"为读者服务""读者至上"是少儿图书馆工作的根本出发点和归宿。读者服务工作是少儿图书馆工作的中心环节，是少儿图书馆全部业务工作中最重要的工作。文献的收集、整理、保管等各项工作，都应以方便读者利用少儿图书馆资源作为出发点。少儿图书馆的机构设置也应以此为旨归，以读者工作为中心来组建各业务机构。抓住了这一点，机构的设置就有了明确的方向。

此外，还应该考虑便于管理。各部门之间既要有明确的分工，体现各个部门的工作范围、职责，又应便于相应的协作，互相补充，发挥整体的作用。机构的上下之间，实行分级管理，以便充分调动全馆工作人员的积极性。还应把那些性质相近的工序组织在一起，减少往返传递，避免重复劳动，节省人力和时间，提高各项工作的速度和质量。

2. 因馆制宜，符合实际

由于影响少儿图书馆机构设置的因素很多，所以各个少儿图书馆的机构设置并不要求完全一致，而应因馆制宜，符合本馆实际情况。例如，规模较大的少儿图书馆，可以分别设立采访部和编目部。规模较小的少儿图书馆，也可以把采访和编目合并，并设立采编组；把参考咨询工作分配到相关部门负责，不另设参考咨询部。有些少儿图书馆按出版物类型把图书与期刊分开，应设立期刊部。省级少儿图书馆应设立业务研究辅导部。

总之，少儿图书馆的机构设置并没有统一的模式可循，各少儿图书馆应依据少儿图书馆法规或有关工作条例，遵照本系统的规章制度及本馆的方针、任务、藏书、人员、设备等实际情况来制定合理的机构组织政策，不应生搬硬套、千篇一律。

3. 分工合理，层次得体

少儿图书馆工作分工的合理与否对任务完成的速度与质量有很大影响。一方面，应将相关的工作安排到各个部门，从而使少儿图书馆的各项工作有序可循、简化手续、节约时间、提高效率。另一方面，还应根据工作人员的知识、技术、能力、兴趣、性格和特点予以适当的分配和安置，这样不仅可以人尽其才，才尽其用，提高工作效率，增加工作人员的满足感，同时更能提高工作质量。

层次是指一个机构内部的上下层级和从属关系。现代少儿图书馆组织，集群的规模逐渐扩大，功能逐渐增多，必须从上至下分成不同的层次，才能构成有机系统。管理层次的多少，对管理效果有一定的影响。层次多，虽然便于进行周密的管理，但命令不易传达，指挥也欠缺灵活；反之，层次少，虽不易进行周密管理，但便于传达命令，指挥也比较灵活。在实际设置机构的管理层次时，不宜做硬性规定，而应以便于指挥和控制为标准，通盘考虑决定管理幅度的因素，根据具体情况来确定，力争做到层次得体。

4. 相对稳定，保持平衡

组织结构层次的多少，管理跨度的宽窄，关系到管理功效和人际关系。所以，组织机构一旦设定，就应保持一定的稳定和相对平衡，不能随意改变。否则，容易造成不必要的混乱，从而影响管理效果。但是稳定是相对的，由于客观环境和内部条件总是处在不断的发展变化之中，所以，在机构设置时，还必须根据这些变化和少儿图书馆的长远目标做出相应的调整。

（三）机构设置

一般来说，工序是少儿图书馆设置部门的主要依据。按工序设置部门，有利于组织业务工作，便于部门之间的相互联系。少儿图书馆通常设立下列八个部门：

1. 馆长办公室

由馆长一人和副馆长若干人，以及办公室主任或秘书组成。办公室主任或秘书协助馆长开展工作并对各部室之间的业务行政工作进行协调平衡，协助馆长处理日常业务工作，负责全馆的业务计划、业务控制、业务统计，管理业务档案等工作。有些小馆可以设业务秘书。

2. 采访部

主要任务是根据少儿图书馆的性质和任务及读者需要，通过各种途径、手段（包括采集、征集、交换、调拨）不断计划采购和补充新书，充实馆藏，建立科学、完整的藏书体系，并展开文献资料的采购协调，对到馆的图书进行验收、登记。这是少儿图书馆业务工作的首要环节，是其他业务工作的物质基础，对藏书质量和服务能力将发生最直接的影响。

3. 编目部

编目部主要任务是对文献资料进行分类、标引、编目、加工、组织目录（包括机读目录）等整理工作，为文献的流通借阅做必要的准备。其基本要求是准确、迅速且易于为读者所利用。

4. 流通阅览部

流通阅览部是读者服务工作的第一线，其主要任务是开展外借和阅览服务。主要负责读者调查登记及发放借阅证件，办理馆藏书刊文献的外借和阅览，负责书刊流通与利用的原始统计，管理各个阅览室和出纳台，管理并指导读者使用少儿图书馆目录，宣传推荐图书，指导读者阅读。应以"读者至上"为指导思想，积极主动、热情地为读者服务。

5. 典藏部

典藏部主要任务是建立合理的三线典藏制结构体系，合理划分与布局基本书库和辅助书库。负责全馆书刊资料的分配和调剂，负责各种书库的管理，办理图书文献入库、归架排列与剔除，负责图书文献的保护、装订及修补等工作。

6. 报刊部

报刊部是按照文献类型设立的部门，目的是对连续出版物实行集中式管理。该部门的主要任务是负责报刊的收藏管理和开发利用，具体任务是根据少儿图书馆的目标任务和读者需求，承担期刊、报刊的订购、征集、交流、注销、缺补，建立科学合理的馆藏报刊结构；按照一定的标准对进馆报刊进行验收登记、上架陈列、整理装订、标引目录、目录组织及典藏管理；组织报刊的流通工作，包括阅览、外借、咨询、宣传及阅览统计；编制有关专题、主题等多种报刊目录索引和文摘、汇编、通报等形式的二三次文献，还可根据条件建立各种数据库，并开展网上信息服务，最大限度地开发各种载体报刊信息资源。

7. 研究辅导部

研究辅导部主要任务是开展业务研究和业务辅导工作。业务研究主要是有关图书情报理论、基本原理以及基本技术方法和现代技术的应用；同时针对本馆和本地区的有关业务技术问题进行研究，以指导工作实践；同时也开展对在职工作人员进行业务培训工作，组织学术交流和馆际协作，促进本地区少儿图书馆事业的发展。

8. 技术部

这一部门是随着科学技术的发展，为适应社会需求而设立的一个组织机构，在少儿图书馆现代化建设进程中，起着重要的技术支撑和保障作用。该部门的主要任务与职责是研究和开展现代技术在图书情报机构中的应用，尤其是以计算机为主体的现代技术与设备的管理和应用，主要包括计算机技术、缩微技术、复制技术、声像技术、通信技术、网络技术等。

三、少儿图书馆规章制度

（一）少儿图书馆规章制度的意义

少儿图书馆规章制度是少儿图书馆工作人员和读者必须共同遵守的带有法规性质的工作条例、章程、规则和办法的总称，是少儿图书馆客观工作规律的反映，是实行少儿图书馆科学管理的准则和依据。少儿图书馆科学管理的一个重要内容就是要建立各类健全的规章制度，加强监督与检查。

少儿图书馆规章制度是根据少儿图书馆工作规律的特点形成的对少儿图书馆工作人员和读者具有普遍约束力的规定体系，它是少儿图书馆实行科学管理的重要手段，有着重要的作用。

1. 规章制度是少儿图书馆工作规律和经验的总结

少儿图书馆规章制度是少儿图书馆工作实践经验的概括和总结。它服务于少儿图书馆工作实践，指导少儿图书馆工作按照客观规律进行，同时还要受少儿图书馆工作实践的检验。随着少儿图书馆工作的开展和认识的深化，不断修改、完善和提高，人们应当根据客观情况的变化及时地检查规章制度，发现确实有不合理的，就需要进行修订完善。少儿图书馆业务工作有很强的积累性、持续性和连锁性，尤其是属于业务操作技术方面的规章制度，更要保持最大限度的稳定性和规格化，应尽量减少和避免不必要的变动。

2. 规章制度是人们行为和工作秩序的准则

规章制度对少儿图书馆行政、业务工作的标准、规范做了明确的规定。它将少儿图书馆工作的过程、方法和物质保证加以规范化、制度化，使少儿图书馆行政、业务工作有了统一的规范和标准。严密、科学的规章制度应当揭示少儿图书馆提倡什么、反对什么、约束什么，使少儿图书馆的管理者和使用者都按照规章制度办事，保证工作正常有序的进行，成为少儿图书馆科学管理的准则和依据。

少儿图书馆规章制度能正确处理少儿图书馆机构的内外关系，发挥群众的创造性与积极性，提高服务质量，是保证工作顺利进行的重要手段，也是人们共同行动的准则。人们认真遵守这些规定，就能使工作有条不紊地开展起来；如果无章可循，无法可依，工作就很难正常进行，也很难保证一致。有了规章制度，还可以培养少儿图书馆工作人员遵守纪律的良好习惯，对增强组织性也是一种锻炼。

3. 规章制度是依法治馆的重要手段

依法治馆，是少儿图书馆管理最基本的指导思想。从根本上说，少儿图书馆管理工作必须依据国家和政府部门颁布的有关法规而行事。若无法可依，则难于管理。如果不从法律上保护少儿图书馆管理工作的方向并提供人、财、物等资源的保障，管理工作必将陷入盲目性和被动境地，而导致一片混乱。由此看来，制定少儿图书馆法规对少儿图书馆建设和管理是必须且必要的。但少儿图书馆法规只能管总的方向，对于少儿图书馆的具体行政、业务工作的管理，还需依据相应的规章制度。

少儿图书馆规章制度以少儿图书馆政策、法规为基础，是少儿图书馆法规、条例的明细规定和实施细则，是对少儿图书馆各种具体的行政、业务工作规范和标准的具体规定，是少儿图书馆政策、法规的具体化。它作为一馆的管理法规而发挥作用，具有较强的法律性质和权威性，是依法治馆的重要手段，是实现有效而科学管理的依据和准绳。规章制度所涉及的人员（包括读者）必须执行有关规定，不得违反，否则将承担某种责任。这是法规强制性的一种体现，能起到监督作用。同时，对于执行者也起着规范的作用。它告诉执行者应该怎样做才符合要求，这就成为一种规范。它是使管理工作走上统一化、标准化的重要条件之一，是法规严肃性的一种体现。

（二）少儿图书馆规章制度的制定原则

制定少儿图书馆的各项规章制度是一项深入细致的工作，要制定出合理可行的规章制度，除提高对规章制度作用的认识外，还必须遵循一定的原则，否则只能无的放矢，纸上谈兵，最终无法实施。制定规章制度应遵循以下原则：

1. 政策性原则

政策性，是指少儿图书馆的规章制度必须与党的路线、方针、政策及体现党的路线、方针、政策的有关少儿图书馆的法律、命令、条例、决议、指示、规章、规程等保持一致，并有利于保证少儿图书馆工作任务的完成。党的路线、方针、政策是一个国家总的行为规范，是指导全局的；少儿图书馆的法律、命令、条例、决议、指示、规章、规程等，是少儿图书馆制定规章制度的直接依据；规章制度则是党的路线、方针、政策和少儿图书馆的法律、法令在少儿图书馆日常工作方面的具体体现。

2. 系统配套原则

系统配套，是发挥规章制度的整体功能、整体效应不可缺少的重要原则。制定少儿图书馆规章制度必须遵循和坚持系统配套原则，是指规章制度内容应当形成制约少儿图书馆全部工作和活动的规范体系和相互补充、相互配合的有机整体。即应当形成一整套既包括行政又包括业务工作在内的各种规章和制度、条例和细则；既包括对读者的要求，又包括对少儿图书馆工作人员自身的要求；既要注意处理馆外的有关问题，又要注意处理馆内的有关事项；既包括人员管理，又包括财政管理等。不仅如此，还要注意规章制度的整体和部分，这部分与那部分、这条规定与那条规定之间的关系，要使之前后照应，上下衔接，互相补充，相辅相成，既不能脱节，更不能相互抵触，前后矛盾。

3. 一切从实际出发原则

一切从实际出发，就是坚持实事求是和理论联系实际的原则。应从少儿图书馆的实际出发，根据本馆的性质、任务，以及科学管理的实际需要，经过调查研究，针对实际问题制定出切实可行的、有针对性的规章制度。规章制度是对少儿图书馆实践经验的概括和总结，不是可以凭空想象出来的，只能从少儿图书馆工作实践中来。在制定过程中，必须反复研究，多听取群众尤其是读者的意见，经过试点、暂行等办法，使之逐步定型，再予以普遍实行。

4. 人本原则

少儿图书馆的各项任务和各个工作环节，都要由人来完成，少儿图书馆存在和发展的根本目的也是为人提供服务，因此"人"是少儿图书馆管理和少儿图书馆服务的核心、关键和最重要的因素，"人"在少儿图书馆管理中处于主导地位。在少儿图书馆制度化建设中应渗透"以人为本"的理念，即"以读者为本""以少儿图书馆人为本"来建立和完善少儿图书馆有关规章制度，为少儿图书馆工作的开展、科学管理的进行和服务目标的实现提供强有力的保证。

5. 实用性原则

实用性，即制定的规章制度一定要从本馆的实际出发，认真研究本馆的任务、读者特点、文献典藏数量和设备等具体条件，才能制定出切实可行的、有针对性的、具有可操作性的规章制度，否则制定出的规章制度行不通，等于一纸空文，或许还会产生负面影响。

6. 简明性原则

简明性，即规章制度在行文遣句方面要简明扼要，用词要准确，不可模棱两可，要具有较强的逻辑性，还要通俗易懂、易记，否则容易产生歧义，发生扯皮现象。

（三）少儿图书馆建立规章制度应处理好的几个关系

少儿图书馆在建立规章制度的时候，一定要严肃认真，本着"凡事慎于始"的精神，力求规章制度符合实际，科学严密。建立规章制度时，需要考虑以下几方面的关系：

1. 少儿图书馆与读者的关系

为读者服务是少儿图书馆工作的核心，因此，少儿图书馆制定各种规章制度，要以便利读者为出发点，同时又要以科学管理为基础，两者必须有机地结合起来，才能达到最佳效果。要注意处理好少儿图书馆工作人员与读者的关系，重点读者与一般读者的关系；要注意把必要的科学管理与流通借阅结合起来，把限制少数人的不良行为与相信和方便大多数读者结合起来，以科学的规章制度来规范和调整少儿图书馆与读者的关系。

2. 利用藏书与保管藏书的关系

"书是为了用的"，少儿图书馆的各种规章制度应当从便利读者利用藏书的角度出发，但同时也要考虑到保护图书财产的完整。利用藏书是少儿图书馆工作的目的，保管藏书是为了更好地利用藏书，二者的最终目标是一致的。少儿图书馆工作人员应从健全规章制度和掌握规章制度方面来调整利用和保管藏书的关系。在一般情况下，书库藏书以满足借阅为主，但在某些情况下，某一种书或某一类书，在一定时间内，也可以仅供读者在馆内阅览，不能在馆外流通。这样做，是为了保证重点读者的迫切需要，也是从便利读者借阅出发的。

3. 少儿图书馆内部各部门的关系

少儿图书馆内各部门的工作，是一个有机的整体。只有保持各项工作的平衡，才能保证少儿图书馆工作的正常开展，否则就会导致工作被动，甚至出现混乱局面。全馆工作的平衡，主要指的是文献资料的收集、整理工作与流通推广、参考咨询工作之间要保持平衡，应加强收集、整理、典藏等基础工作，为流通推广、参考咨询工作创造有利的条件。

4. 国有资产管理与使用的关系

前三种关系多是针对业务规章而言，但少儿图书馆是一个系统，有效的行政管理是业务工作顺利开展的保证。因此，在制定行政管理规章时还应特别注意处理好国有资产与使用的关系，其中亦包含了行政管理规章制度与业务规章制度的关系。少儿图书馆所有的固定资产，包括房屋建筑和各种设备等，都是开展业务活动和为读者服务的物质基础和条件，应该加强管理，保障使用，妥善保管，加强维护，以严格的规章制度确保国有资产不致流失。这就要求在购置设备时，行政部门和业务部门共同商量，调查研究，核算成本，以有限的经费增加最适用的国有资产；在制定管理制度时，应协调一致，严格管理，既保证工作的开展和读者的方便使用，又不使国家财产丢失和损坏，在物尽其用的原则下，力争使其增值，发挥最大的效用。

（四）少儿图书馆规章制度制定的程序与实施

1. 制定规章制度的程序

制定完善的规章制度，不仅要提高其内在的技术水平和起草质量，而且要有完善的程序保障。通过制定规章制度和程序化，使其更为合理、合法。

（1）提出任务

提出任务，这是制定规章制度的第一步，少儿图书馆领导班子通过研究提出制定各项规章制度的基本要求。

（2）调查研究

少儿图书馆领导组织相关部门，通过各种途径对问题进行系统、周密的调查研究，广泛听取意见，了解情况，沟通信息，搞清楚问题的历史和现状，并对已掌握的材料进行认真的、系统的分析与综合。通过研究分析，抓住主要矛盾和关键问题。在此基础上，确定规章制度的目标。调查研究，弄清问题，确定目标，是制定规章制度的前提和基础。

（3）草拟条文

在弄清问题、确定目标的基础上，根据实际情况和既定目标的要求，设计和拟定解决问题、实现目标的规章制度的条文，为规章制度的确定做好准备。草拟条文，是深入研究问题，寻求解决问题的办法和途径的过程，是一件复杂、艰苦的工作。为设计出科学、完善的草案，首先，必须独立思考，勇于创新，这是成功的首要条件；其次，必须针对复杂情况，设计多种方案；最后，必须广泛听取各方面的意见，集思广益。

（4）试行修改

试行修改，是在规章制度正式公布实施之前，首先在一定时期和一定范围内进行试行，对草拟条文的可行性和利弊得失进行研究。在试行过程中，要广泛听取群众尤其是第一线工作人员的意见，以发现不足与不合理之处，并根据群众意见和实际效果，进一步进行修改，使之更加合理。

试行对规章制度的制定有着重要的意义。首先，实践是检验真理的唯一标准，通过试行可以在实际运用中及时发现并纠正草案中的缺点与不足，以避免正式公布实施后产生的不良后果；其次，通过试行可以消除盲目性，增强决策的自觉性，避免失误。

（5）正式公布实施

少儿图书馆规章制度的公布，必须用书面形式公布。公布的方式多种多样，可以在媒体公布，下发通知或张贴等。实施时间，一般在规章制度中就已明确规定，有的规定从公布之日开始实行，有的按规定日期开始实行。

2. 规章制度的实施

规章制度的实施是规章制度制定的最终落脚点，是少儿图书馆管理的重要手段。为保证规章制度得到彻底的贯彻实施，要特别注意以下几点：

（1）加强宣传教育

首先，通过宣传教育，让少儿图书馆工作人员和读者认识到规章制度的必要性与重要性；其次，让他们了解规章制度的内容与实质，教育他们怎样做，如何做。只有这样才能使他们自觉自愿地贯彻执行各项规章制度，使规章制度真正成为工作人员的行为规范与行动准则，成为少儿图书馆科学管理的准绳和依据。

（2）有法必依

有了规章制度，就要严格执行。否则，规章制度就成了一纸空文，也就失去了存在的价值和意义。因此，一定要做到有"法"可依、有"法"必依。这样，才能真正发挥规章制度的作用。凡制定的各种规章制度一旦批准生效，就应当坚决执行。同时，在执行过程中既要掌握原则性，又要掌握灵活性。

（3）加强监督

规章制度的实施，除了采取加强教育、增强其自觉性以外，还应建立监督机制，加强监督，保证其被严格实施、执行。少儿图书馆的全体工作人员和全体读者都有权监督和保证规章制度的执行。为了保证各种规章制度的贯彻执行，还要建立监督检查制度，把贯彻执行规章制度与考评、奖惩工作结合起来。

（4）奖惩分明

少儿图书馆工作人员与读者都必须严格遵守规章制度，"制度面前，人人平等"。对执行好的应予以奖励，对违反规章制度的，必须视情节轻重给予批评教育或相应处分。这样，才能充分调动人们遵守规章制度的积极性与自觉性。

（五）少儿图书馆规章制度的内容

少儿图书馆应当有一套既包括行政工作方面的也包括业务工作方面的制度。行政工作方面的制度主要是组织管理制度，它是少儿图书馆开展工作的总纲领，应该对本馆的性质、方针、任务、领导分工、业务工作、会议、学习等问题做出明确的规定。业务工作方面的制度应包括所有业务工作内容。

1. 业务制度

业务制度是以国家有关标准为蓝本，以本馆实际工作为依据而确定的，主要有以下几个方面：

（1）文献采访规则：规定图书采访、入藏的原则、标准和补充方式，登录的方法及工作人员的职责范围等。

（2）分类规则：主要规定使用何种分类法，分类的基本原则，分类法的使用方法，分类法使用说明及使用规则等。

（3）编目规则：主要规定采用的著录条例，著录标准、格式、项目和方法，编目工作的总流程，目录体系及组织规则，对编目人员的职责和专业要求等。

（4）借阅工作细则：主要规定借阅工作的组织原则、服务对象、藏书范围、借阅办法，咨询服务、读书活动组织的要求及办法，借阅工作人员的职责范围等。

（5）业务辅导工作细则：主要有辅导工作的范围、内容、方法，调查报告的要求，业务理论研究，协作协调，少儿图书馆网络要求等。

（6）书库工作细则：主要规定新书入库的交接、清点、登录、调配等手续，书库体系，管理规则，图书清点，剔旧制度，工作人员的职责，图书保护办法等。

（7）声像资料的管理规则：主要规定声像资料的收集、加工、整理、保管和利用的工作程序，保管规则及有关人员的职责等。

（8）读者利用少儿图书馆的规则：主要有外借规则、阅览规则、馆际互借规则、集体外借规则、借书逾期及丢失损坏赔偿规则等。

（9）统计制度：包括统计范围、统计报表、统计方法及统计数据分析方法等。

2. 行政管理制度

行政管理制度种类很多，大致有以下十几种：（1）工作条例；（2）职责范围；

(3) 开馆时间；(4) 劳动定额制度；(5) 工作人员守则；(6) 目标管理办法；(7) 劳动纪律制度；(8) 业务培训制度；(9) 晋级考核制度；(10) 工作考评制度；(11) 考勤请假制度；(12) 奖惩制度；(13) 设备管理制度；(14) 物品管理制度；(15) 经费使用制度；(16) 卫生管理制度；(17) 治安保卫制度；(18) 奖金分配制度，等等。

（六）少儿图书馆岗位责任制

1. 岗位责任制的含义

岗位责任制，就是以规章制度的形式明确规定每个工作人员的岗位，以及应该达到的基本要求和应负的责任，并据此进行考核和奖惩。少儿图书馆实行岗位责任制，就是按少儿图书馆工作的内容和方法，把少儿图书馆工作划分为若干岗位，规定每个岗位的职责，然后把工作人员按工作能力、业务水平配置在各个岗位上，各司其职、各尽其责，使各项工作有秩序地、保质保量地开展起来。岗位责任制是少儿图书馆实行计划管理的有效措施，也是少儿图书馆实行目标管理的重要保证。

2. 岗位责任制的作用

（1）实行岗位责任制有助于劳动合理分工和人员定编

岗位责任制是在对少儿图书馆内所有岗位进行全面调查和分析的基础上建立起来的。充分考虑了少儿图书馆的藏书规模和任务；考虑了少儿图书馆应当设立什么机构和岗位，各岗位工作量的大小，需要的人员数量和质量，以及各岗位的工作性质和特点；考虑了各个部门的职能和工作范围，以及每个工作人员的职责、权限。因此，可以避免机构重叠、劳动重复，能够推动劳动组织和分工的合理化，并按照科学的、高效能的要求定员定编。

（2）实行岗位责任制有利于提高工作质量和效率

实行岗位责任制后，每个工作人员都必须坚守自己的工作岗位，并按照质量标准和劳动定额的规定，保质保量完成任务。这样，就能从根本上杜绝拖拉、松懈、职责不明、相互推诿等现象，既能从整体上（一个部门或一个组，一个工种或一道工序）又能从个体上（每个工作人员）保证工作的高质量、高效率。

（3）实行岗位责任制便于对工作人员进行考核

岗位责任制对各个岗位和每个岗位上的每个工作人员及每个工作人员的每项工作的范围、内容、数量和质量的要求，以及工作程序和方法都做了明确的规定，并带有一定的法制性和约束力。管理中就能据此检查工作，按照履行岗位责任制的情况，准确考核每个工作人员的工作业绩，以便统一全馆职工的行动。

（4）实行岗位责任制可以提高工作人员的素质

岗位责任制将每个人的具体工作和切身利益紧密联系，严格考核，赏罚分明。这就能敦促每个工作人员要尽职尽责，勤奋工作，刻苦学习，多做贡献；就能督促人们去思考少儿图书馆工作中的各种问题，出主意，想办法，努力提高工作效率和工作质量，改进服务态度；就能激发大家上进图强，不甘落后的愿望，从而提高整体工作人员的素质，树立起健康向上的政治气氛、兢兢业业的工作气氛和刻苦钻研的学术气氛。

（5）实行岗位责任制能够促进少儿图书馆管理科学化

包括岗位责任制在内的少儿图书馆各项规章制度像链条一样把各部门的工作环环紧扣，串成一体，对全馆的工作流程、业务衔接及服务目标都作了明确的规定，从而使少儿图书馆工作成为一个有机整体，有条不紊、井然有序地沿着科学化的轨道操作运行。

3. 岗位责任制的内容

（1）科学设定岗位、明确岗位工作范围

岗位责任制按工作岗位而制定，少儿图书馆有什么样的工作岗位就应有相应的责任制。岗位是指相对独立完整的基本工作单元，它可以是少儿图书馆工作的一个部分，一个分支，一个环节，也可以是岗位责任制和具体任务的承担者和履行者。在少儿图书馆内，岗位按不同性质的工作规律、特点和内容来确定，既不能任意划分，也不能机械地对工作切割，而是要将各项工作科学地综合分类。一个工作单元可以由若干人员承担，也可以由一个人承担若干工作单元。少儿图书馆的工作很多，而每个人都在特定的岗位上，不同岗位上的工作范围自然不同。因此，必须对各岗位工作的职责范围做出明确的规定。少儿图书馆的岗位工作范围应按各馆的实际情况确定。

（2）明确各岗位的责任和具体任务

确定岗位职责范围时，要使各岗位责任尽可能定量化，也就是说，对能计量的工作要规定其定额指标。即使是一些不易确定具体指标的工作，也应尽可能采取"分解"的办法，从"软任务"中找出"硬标准"来。具体任务是把岗位职责进一步具体化，使之变成由个人承担的一个个任务。少儿图书馆每个岗位的具体任务既有专业性、学术性的一面，又有服务性、事务性的一面，某些具体任务还可能是随机性或临时性的。所以，在确定每个工作人员的具体任务时还应认真考虑个人的文化程度、专业素养、业务能力和知识结构，做到因人、因才而异，把工作人员安排到最恰当的位置上，充分发挥其所长，使之达到岗位责任制要求的标准。

（3）规定每项工作数量、质量和时限的标准

岗位责任制对各岗位的工作还必须有数量、质量和时限的要求。没有质量要

求，数量就失去意义；没有时间限制，也很难谈及数量和质量。有数量、质量和时间限制规定，就有了比较的具体标准，也就为评价工作人员的业绩提供了依据，为执行赏罚制度创造了条件。

（4）规定各岗位工作人员处理问题的权限

权限指保证使工作人员按一定规则和程序高效率办事的必要权力。为了提高工作效率，实行民主管理，调动每个工作人员的积极性和主动精神，应对每个岗位每个人在工作中碰到问题可以自行处理的权限做出相应的规定。例如，一个少儿图书馆实行岗位责任制，必须取得使用人员与分配工作，支配经费与筹措资金，制订工作计划和实施工作方案，执行管理制度、规则和程序，检查考核成绩及进行奖惩等权力。尤其要保证少儿图书馆馆长有聘任、辞退、任免各级工作人员和拒绝接收不合格人员的充分权力。

（5）规定各岗位人员的职业道德

有了职责范围、岗位责任、具体任务、处理问题的权力，以及质量、数量的要求后，岗位责任制还要对完成任务所必需的职业道德提出要求。例如，态度热情、文明礼貌、坚守岗位、认真负责、遵循纪律、互相督促等，以便在工作中履行。

（6）规定严格的赏罚

在明确责任、准确考核的基础上，坚决地实行奖惩，是有效地推行和坚持岗位责任制的一个决定性条件。实行奖惩制度，首先，应该明确在少儿图书馆这样的事业单位，一般是以精神奖励为主，它可以体现为口头表扬、通报表扬、授予"优秀工作者"称号等，即使是物质奖励，包括发奖金、给予学习或研究假期等，也含有精神奖励的意义。其次，应该根据"不劳动者不得食""按劳取酬""多劳多得"等社会主义分配原则，要求每个工作人员达到所规定的工作量和工作标准，完成或超额完成工作任务者可给予奖励。用有限的奖金拉开距离，会有一定的物质激励作用，但主要还是精神作用，对干得好的是鼓舞，对干得差的是压力。最后，既讲奖惩，就必须有奖有惩，不能只奖不惩。为有效地实行罚则，对于无客观原因而未完成规定任务的工作人员，应视情况分别处理，轻则批评教育，要求限期改正，重则扣发奖金和工资。

岗位责任制既是一种行之有效、明确具体的管理方法，又是一项最基本、最重要的管理规程和劳动制度。因此，必须用规章制度的形式将其内容确定下来，明确规定少儿图书馆各主要业务工作系统的工作要求、工作完成时限及各工作环节的工作内容、质量规范、人员水平、工作定额等标准。岗位责任制的条款要突出重点，每条规定的内容应翔实具体，切实可行，条文的词义要明确，文字要精练，易懂易记，便于操作。

四、少儿图书馆评估工作

(一) 少儿图书馆评估的作用

少儿图书馆评估就是科学地制定少儿图书馆评估标准，以评估标准及其指标体系为依据，全面系统地收集少儿图书馆的各种相关信息，对少儿图书馆实现预期目标的条件、行为及其状态做出客观的价值判断的过程。评估是少儿图书馆实现管理目标、提高管理效益不可或缺的技术方法。

1. 促进少儿图书馆事业的发展

评估是促进少儿图书馆事业前进的动力，是加油站、检查站，能鞭策、督促少儿图书馆对照评估标准，找差距，找不足，制定规划，努力争取达标。通过评估可以检阅少儿图书馆管理效果，发现少儿图书馆管理中存在的各种问题，并根据预期的管理目标做出相应的调整，以推动少儿图书馆各项工作的深入开展。少儿图书馆评估就是要依据客观的评估标准及其指标体系，对评估客体的条件、状态和水平做出价值判断，估价和评判受评馆达到目标的程度，并依据存在的问题，指出相应的管理措施，明确努力的方向，使少儿图书馆工作沿着既定的管理方针、管理策略和管理目标行进。创造竞争气氛，调动各方面的积极因素，促进事业发展。

2. 加强少儿图书馆之间的学习交流

通过评估能够确定一个少儿图书馆的现时状况，以及在全行业中的发展水平，促进少儿图书馆之间的相互交流、学习和竞赛，引进竞争机制。评估是对少儿图书馆工作条件、工作水平和工作成果进行综合评价的过程。它通常是在一定范围内展开的。一个地区、一个专业系统，乃至全国范围的少儿图书馆评估，必然产生并刺激馆际之间的竞争。各受评馆在自我评估的同时，便自觉或不自觉地和其他馆相比较，通过比较相互竞争、取长补短、共同提高。所以，评估有助于少儿图书馆之间的相互了解和交流，有助于少儿图书馆间的评比和竞赛，有利于促进少儿图书馆行业整体服务能力和服务水平的提高。

3. 引起上级领导对少儿图书馆工作的重视

通过评估，各级主管部门可以充分了解自己的管理对象，以便制定出相应的计划，再次进行决策；也可以由此来检验下级执行指令的情况，从而保证决策方案真正得以实现。还可以检查决策取得的效果或造成的影响，及时纠正原决策方案中的不当之处。评估的最终结论可以引起上级领导的重视，加大对少儿图书馆的投入。

4. 促进少儿图书馆业务工作规范化

评估检查的过程大大促进了少儿图书馆的规范化、标准化建设。在少儿图书馆实施达标的过程中，可鞭策工作人员认真学习业务，健全规章制度，加强标准化建设，提高业务技能，拓宽服务领域，帮助少儿图书馆上档次、上台阶。同时，也可提高少儿图书馆的地位，扩大社会文化教育机构的知名度。少儿图书馆评估中最核心的问题是建立标准，制定一个统一的标准，并以此来检验各馆的基础业务工作、读者服务工作与自动化建设，使之朝着规范化、标准化方向健康发展。

5. 使少儿图书馆办馆条件得到改善

评估检查能引起上级领导部门、当地政府对少儿图书馆工作的重视，也是少儿图书馆争取领导帮助与支持的好机会，可增加事业费的投入，使馆舍条件、购书经费、计算机购置费能按评估标准得到较大改善。

（二）少儿图书馆评估的原则

少儿图书馆评估的主要目的是加强国家及各省（自治区、直辖市）行政主管部门对少儿图书馆事业的宏观管理和具体指导；为制定少儿图书馆事业的有关政策、法规和发展规划提供依据；促进少儿图书馆改善条件，改进工作，提高服务水平、学术水平和科学管理水平，以推动少儿图书馆事业蓬勃发展。为了使评估达到上述目的，必须从制定评估办法和评估指标体系到组织实施的全过程中，遵循下列评估原则：

1. 客观性原则

评估要自始至终坚持实事求是、客观公正的科学原则，要反映少儿图书馆工作的规律。指标体系及实施方案的制定应从实际出发，以现实的各种条件为基础和前提。评估指标和指标体系要反映少儿图书馆工作及其内在联系。评估材料要正确反映各馆的实际情况。在评估过程中，坚持以客观事实为依据，以评估指标体系和计分细则为准绳，力求各项资料和数据的统计全面系统，对少儿图书馆的评判和估价客观公正。

2. 整体性原则

为了保证少儿图书馆评估工作的连续、完整和统一，有必要对少儿图书馆评估工作进行全面、系统的规划和组织。无论是全国范围的评估，还是各专业系统少儿图书馆的评估，都应该制定总体规划，并提出统一要求。在设计和制定少儿图书馆评估指标体系时，要兼顾少儿图书馆工作的各个方面、各个环节，使评估指标能够较好地反映少儿图书馆的全貌。在评估工作中坚持整体性原则对宏观控制和微观调节都是极为必要的。

3. 标准化原则

少儿图书馆评估工作的根本要求是不断提高评估的标准化水平，加强评估工作标准化、规范化和制度化的研究和应用，以提高评估的科学性。要运用科学的方法和手段制定评估指标体系，使指标体系既体现先进的技术要求，又符合少儿图书馆的实际水平，提高指标体系的可行性、适用性和可接受性。评估指标项目应以大量统计、测算、研究和实践为基础，凡能够量化的项目，要尽量拟定定量分析指标，对难以量化的项目，再进行定性评估。各项定量指标应具有易于获取、测定、计量和可比的性质。各项定性指标的含义应具有确定性和唯一性。

4. 指导性原则

评估要有明确的方向，评估指标要对少儿图书馆各项工作具有指导作用，通过评估要把少儿图书馆工作引导到正确的方向上去。国家行政主管部门颁发的各种少儿图书馆条例、规程及有关政策，反映了少儿图书馆事业发展的规律，代表了少儿图书馆事业发展的方向，是少儿图书馆各项工作的准则。这些条例、规程及政策通常都体现在行政主管部门所制定的评估指标体系中。评估指标的设置、不同指标之间权重值的分配、评测标准的拟定及评估工作的组织方式等，都反映了主评部门的价值取向，具有明显的导向性。在评估中应该坚持并合理地运用导向性的特点，并以此作为评估的基本原则，指导具体的评估实践。

5. 效益性原则

讲求效益是现代少儿图书馆管理的一项基本原则，作为少儿图书馆管理一个重要组成部分的少儿图书馆评估，理应把办馆效益作为评估工作的重要原则。在评估中，既要考虑评估的总体效益，力争少花钱多办事，又要考虑评估的个体利益，把少儿图书馆服务效益作为评估的一项重要内容。也就是说，要树立投入与产出进行比较的效益观念，既把效益作为评估立项的内容，又把效益作为评估行为的准则，以体现效益原则的完整性。

（三）少儿图书馆评估指标

评估指标是指对少儿图书馆评估的项目与内容。少儿图书馆的评估指标一般包括以下几个方面：

1. 组织与人员建设

评估的内容涉及地方政府是否重视少儿图书馆的工作，把少儿图书馆作为地方文化的重要组成部分。少儿图书馆的机构设置是否反映了少儿图书馆的业务特色和实际需要；是否有一支素质高、结构合理的少儿图书馆工作人员队伍；少儿图书馆工作人员的待遇如何等。这是少儿图书馆建设和管理的组织人员保证。

2. 馆舍与设备

少儿图书馆是否有独立的馆舍，内部结构是否合理，馆舍面积是否达标，图书设备的购置及达标情况如何等。这是少儿图书馆建设的基本物质条件。

3. 书刊文献的建设与管理

少儿图书馆能否按照规定购置适合少儿需要的图书资料，书刊的购置结构是否合理，书刊文献的登记、分类、编目、清点、剔旧等工作是否规范。

4. 读者服务工作

包括图书文献的借阅形式、开馆时间、服务水平，少儿图书馆组织的各种形式的读书活动、宣传指导、新书推荐、阅读指导，以及深层次的文献信息服务开发情况。

5. 日常管理

包括少儿图书馆计划的制订、组织与落实，少儿图书馆的财务管理、后勤保障，以及各种规章制度的制定与落实情况。

6. 少儿图书馆现代化管理水平

包括现代化信息技术的应用、少儿图书馆计算机管理、网络建设、各种现代化设备的应用等。

7. 附加条件

包括少儿图书馆人员的获奖情况、学术科研情况等。

（四）少儿图书馆评估程序与方法

1. 少儿图书馆评估程序

（1）加强宣传发动，做好准备工作

建立评估工作领导小组，负责对少儿图书馆评估进行规划、部署、检查和总结。进行宣传动员，使各级领导和少儿图书馆工作者明确评估的目的，加深对评估指标体系及有关少儿图书馆的标准和规范的理解，为评估工作的开展做好思想、制度和组织方面的准备。做好各项准备工作，特别是评估小组审查考核的各种材料，如少儿图书馆的建设与发展规划，会议记录，工作人员的教育、获奖情况，少儿图书馆的信息服务情况，书刊借阅统计记录，有关宣传辅导活动的材料及常规的管理记录，经费收支情况等各种记载，必须客观、真实，以备评估小组审核。

（2）对照评估标准，开展自我测评

在充分做好评估准备工作后，评估工作进入自我测评。少儿图书馆评估实践表明，自评是一种非常实用而有效的评估方式。在自评阶段，各少儿图书馆要根据评估指标体系所规定的指标项目，并按评估要求规定逐项计算各指标的得分，以检查并判定本馆客观条件和主观努力的水平及状态。然后依据各项得分状况，形成对本馆的总体评价，并写出自评报告。

（3）依据评估标准，接受上级评估

在少儿图书馆自评的基础上,接受上级评估小组或评估专家组的评估。上级评估小组的主要任务就是要实地核查各馆的自评结果,根据各馆的自评报告和实际状况,对其做出具有权威性的感性评估结论。在评估阶段,专家组要深入每个被评估少儿图书馆。首先,按要求审查自评报告,查阅业务档案,核实各项统计数据,实地检查工作质量,测算各种比率,要通过召开包括读者在内、有各类人员参加的各种形式的座谈会,以及其他形式和途径,全面了解实际情况,严格依照评估指标体系与实际测评结果对照,逐项检查自评结果,并慎重地提高或下调被评估少儿图书馆的得分,然后形成评估结果。其次,由专家组对评估结果进行综合分析,评议被评估少儿图书馆的各项工作,并形成评估意见。评估意见要实事求是,既充分肯定成绩,又恰如其分地指出不足,并提出改进工作的意见和建议。最后,采取一定方式向被评估少儿图书馆的领导和主管部门通报评估结果。

(4)公布评估结果,确定评估等级

在评估工作完成之后,上级评估主管部门还要对评估结果进行最后的确认,并由行政主管部门行文公布各少儿图书馆的最后得分与评定的等级。

2. 少儿图书馆评估方法

少儿图书馆评估是一项以行政管理系统为组织依据,以行政指令或规定为主要信息渠道,以判定并促进少儿图书馆管理客观条件和主观努力为目的和内容的管理技术。有效的行政管理方法是评估工作的组织与权力的保障,它贯穿评估工作的全过程,成为少儿图书馆评估最基本的操作方法。在少儿图书馆评估实践中,通常还要采用下列五种具体方法。

(1)调查研究方法

通过听取汇报、发放调查表、个别交谈、进行实地考察,收集或了解用于评估工作的有关信息,从而把少儿图书馆评估建立在坚实可靠的基础上。评估工作初始,可以运用这种方法测定评估指标的可行性。在实际测评过程中,可以运用这种方法深入了解真实情况,以便客观分析评判。评估工作后期,也可以利用这种方法收集对评估的各种反映或意见。

(2)统计方法

运用各种统计技术,对少儿图书馆评估中的各项指标进行采集、加工、整理和分析,是少儿图书馆评估的一种常用方法。如收集评估所需要的原始数据,进行评估指标的测算或统计,都要运用这种方法。在实践中要根据少儿图书馆评估的实际需要,确定统计项目,选用统计计量方法。

(3)测定方法

将所收集的各种相关数据与设定的评估项目指标和标准因素尺度相比较,进而测定少儿图书馆工作人员的行为,以及少儿图书馆各项工作及实施的方法。这种方法要借助于调查、统计等方法。

（4）计分方法

少儿图书馆评估指标的评定，一般采用计算得分值的方法，正常评估计分会考虑权重系数，这对少儿图书馆工作有一定指导作用。

（5）评定等级方法

根据办馆效益得分的多少，依次排定各馆的名次，再依据定级必备条件，对办馆条件基本要求的规定进行等级评定。凡达到一定的分数线，同时具备定级必备条件者，才可定为特定等级的少儿图书馆。等次可依据各级、各类少儿图书馆的整体情况和具体档次设立。[1]

---

[1] 沈建勤.少儿图书馆建设理论与实践［M］.南京：东南大学出版社，2013.

第四章　少儿图书馆阅读推广流程与模式

在图书馆的阅读推广服务中，一直以来都是从专业化的角度去推广，专业的书目推广和专业的人员推广，导致阅读推广服务工作一直普遍存在居高临下，忽视读者的阅读倾向，阅读推广服务工作不够理想。所以我们要调整思路和改进方向，将阅读推广的重心转向读者对作品的阐述及读者之间阅读经验的交流和分享，通过开展广泛的阅读推广活动，使阅读推广服务工作更贴近读者。目前，在我国形成了以政府机构、各级各类图书馆为主、各种协会和民间组织、出版商、书店和传媒机构为辅的阅读推广格局，来共同完成对社会阅读的倡导功能。政府机构处于领导地位，举办读书活动，决定全国和地方范围内比较重大的读书问题，许多大型阅读推广活动都是由它们牵头组织的；各级各类图书馆是大众阅读推广活动的中坚力量，特别是各级各类学校图书馆（室）是阅读推广活动最为重要的阵地，因为它们本身就肩负着培养学生阅读能力和兴趣的责任，同时学生又是最具活力、最富有创造力、最富有热情的一个群体，好的阅读习惯的养成就是通过在各个时期的学习阶段培养而成，有的可能会终身受益。专业图书馆利用自身的资源和优势在大众阅读推广活动中是主力军，发挥着自己的作用；出版商和书店举办的读书活动有鲜明的特色，形式灵活，能从读者需求的细微处入手，与读者互动性强，读者参与度高。传媒机构主要是通过自己的媒体节目来推动阅读活动的开展，他们举办读书活动覆盖面广，可以在最短时间里得到最大的影响，同时在各个领域和各种市场占据着有利的位置。总体来说，阅读推广组织众多，形成空前繁荣的局面。

第一节 少儿图书馆阅读推广的流程

一、专业书目的推广服务

(一) 专业书目推广服务，使阅读推广工作形式化

一直以来，图书馆在开展阅读推广服务工作时，最重要的方式就是"导读书目"，即通过编写内容提要或简单说明，为读者指定阅读范围，指明好的版本，指示阅读方法，指点目录中所列图书之间的关联，以引导读者的缓急先后。但实践证明，采取这些方式的效果并不尽如人意，原因在于：首先，导读书目的范围过于宽泛，把公认的经典著作——罗列，不考虑读者需求和阅读基础的不同，也不考虑读者的性格、年龄与兴趣的差异，这一类型的导读书目虽然是由不同的图书馆提出，但大多相似，千篇一律的；其次，不考虑读者的学科方向和知识积累，没有梯度，不分等级，并且所列书目过于专业、深化，读者尝试之后，感觉难度过大，遂望而却步；最后，有许多图书馆会邀请著名教授、学者推荐导读书目。推荐者虽然德高望重，但是所推荐的书目往往反应的是他们自己的关注点和志趣，对于大部分读者缺少实际的参考价值和吸引力。

(二) 推荐书目的演进

隋朝以前，我国封建社会选拔官吏主要采取以名门望族好恶为标准的荐举制。公元606年，隋炀帝正式开设进士科，用试策的方法选拔官吏，从而把读书、考试、做官三者密切地联系在一起。读书可以做官，做官必须读书。推荐书目的产生和发展与科举制度息息相关。此外，还有一些推荐性的书目不是针对考试，而是为了指导读者选择书籍，有计划地阅读，以修身益智的。现存最早的推荐书目是人称"唐末士子读书目"的《杂钞》（敦煌遗书伯2171号）。元代，程端礼根据朱熹读书之法著《程氏家塾读书分年日程》三卷，提出了具体的读书计划。明末陆世仪在《思辨录》中为青少年开列了十年诵读、十年记贯和十年涉猎的书单，这是一种划分精读和泛读的读书方法。光绪年间，张之洞应学生之问，挑选2200余种图书编成《书目答问》一书，指点诸生治学的门径。

20世纪初中国废除了科举制度，受西学东渐的影响，读什么书成为令人困惑的事，推荐书目也呈现出多元化的价值取向。1923年，应《清华周刊》记者之约，梁启超和胡适分别开列了100多种"国学"入门书目，但因选书标准不同而各执己见，人称"胡梁之争"。1925年，《京报副刊》征求"青年必读书"十部，当时有70多位学者应征，开列的书目也是见仁见智。其中最具影响的是鲁迅的答

案，他在附注中写道：我以为要少——或者竟不——看中国书，多看外国书。少看中国书，其结果不过不能作文而已。但现在的青年最要紧的是"行"，不是"言"。只要是活人，不能作文算什么大不了的事。

20世纪50年代到70年代，受国家意识形态的影响，推荐书目价值取向单一。有学者认为，"如果当年让学术和思想自由流通，不同观点自由碰撞，实际政策择善而从，中国的面貌早就大大不同了……"20世纪80年代，改革开放拓宽了人们的视野。作为推荐书目的分支，"影响类"图书受到关注。进入21世纪，推荐书目发生了巨大的变化。首先，推荐主体既有专家学者，也有政府部门、社会团体、图书馆、高校等非营利组织，还有商业性出版社、网站和职业推广。由此导致推荐书目的类型增加、数量"泛滥"、倾向性重归多元。不过，此次的"多元"不再如"胡梁之争"或"中西之争"那样仅限于文化主张，而是多元主体多元动机导致的"鱼龙混杂"。其次，由于信息技术的发展，推荐载体和推荐方式的进步正在弥补传统书目之更新不足的弊端。有学者从"消除网络信息迷航"的功效出发，将学科导航和专业搜索引擎也作为推荐书目的变体。

（三）立足于读者的图书馆阅读推广

推荐书目是图书馆阅读推广的重要参考和服务方式，但是图书馆不能简单地充当专家荐书的"二传手"，原封不动地转达专家建议。图书馆阅读推广应当站在读者一端，围绕读者需求开展服务。西方读者反应理论认为，读者（群）对文本意义的诠释起决定作用，意义是在一个交流系统而非文本中被读者接受和解释的。

1. 图书馆阅读推广的诱因优势

（1）相关度高

尽管推荐书目理论上讲求针对性和选择性，实践中也出现了一些主题性较强的专题书目，但仍有些"推荐书目"毫无阅读的关联性。一方面，推荐者面对不特定人群做的是一般性推荐；另一方面，推荐者群体推荐书目时总是在做"公约数"，由此导致文献与读者之间、文献与文献之间缺乏相关性。阅读是件极其个性化的事情。英国牛津大学的约翰·凯里认为，图书的特殊性就在于这种媒介具有不完美的缺陷，人们必须通过阅读才能理解图文、阐释意义、产生共鸣或者启迪思想，这是一项复杂的、令人惊讶的脑力活动。由此可见，读什么、不读什么，认同或不认同作者的观点还是读者说了算。不过，图书馆可以通过"知书"和"识人"的中介服务来提高相关度"诱因"，从而扩大读者的认同。首先，图书馆（尤其是学术型图书馆）可以编制主题书目，把握学科脉动，增加与读者交流的"共同语言"；其次，图书馆开展阅读辅导时通常会考虑读者的年龄、性别、知识背景、文化层次、专业方向的特殊性，有针对性地协助读者鉴别和选择适合的读物,指导读者阅读,交流阅读体会,以引起读者的阅读兴趣,培养阅读能力和阅读习惯;最后,汇编本社区的信息对于读者而言也具有较高的相关度。

(2) 客观真实

与专家推荐书目相比,图书馆阅读推广的优势在于客观真实。客观性首先表现为中立性,1939年诞生的美国ALA《图书馆权利法案》提出,"图书馆提供当前和历史上各种观点的资料和信息,而不因政党或政见不同而禁阅或移除这些内容"。中立性带来的是对多元价值观的包容,因而才会有历史的积淀,才会有雅俗共赏。其次,客观性还表现为对文献背景的评注与还原。图书馆工作人员通常知晓要对文献内容进行充分的报道和揭示,简单的如MARC数据,复杂的如导读推荐。不过,多数人恐怕没有深思图书馆详注文献的客观性结果。有学者指出"如果将一本书的时代背景和当代影响割裂开来,可能会对读者产生深刻的影响,也可能会导致悲剧性的误读"。最后,也是最重要的一点是图书馆的非营利性。不论是作为人类文明传承的纽带(社会记忆装置),还是基本人权(言论自由、受教育权、公共信息公开)的制度保障,图书馆的非营利性保证了其资源建设和阅读推广的非功利性,从而保证其资源与服务的客观和真实。

(3) 更新及时

图书馆阅读推广的及时性是相对的,它介于专家推荐与出版者推荐(如新书宣传、销售排行)之间,这是由文献生长规律决定的。不可否认,传统经典可以修身养性,而人性是社会永恒的主题,因此推荐这类经典非常"保险"。正如清朝学者张潮所言:俱性平,味甘,无毒,服之清心益智,寡嗜欲。久服令人睟面盎背,心宽体胖。但另一方面,不断攀升的互联网阅读率似乎又在提醒我们,社会发展的脚步越来越快了。农耕时期的先哲们不能预见性地回答当今全球化背景下多元文化冲突、多元社会制度碰撞的诸多问题。因此,图书馆开展的新书通报、阅读辅导、热点汇编、讲座展览、读者沙龙等服务,可以作为专家推荐或"经典阅读"的补充,满足读者"喜新"的需求。

2. 图书馆阅读推广的成本优势

(1) 容易获得

传统推荐书目从文献价值出发,并不考虑读者能否借得到、是否买得起、能否读得懂。如果获得信息的门槛很高,读者往往只能望洋兴叹。读都读不到,还谈什么理解、欣赏和感悟?更谈不上民众受到教育后参与国家建设和民主政治,从而实现个人自由并增加全社会的福祉。联合国教科文组织《公共图书馆宣言》指出:公共图书馆应不分年龄、种族、性别、宗教、国籍、语言或社会地位,向所有的人提供平等的服务。这就为社会底层的民众提供了获取信息的机会。图书馆阅读推广是以馆藏文献为保障的。凡是推荐的文献一定是本馆购买并加工好的,一定是正版书刊。如果是外文文献,读者阅读有困难,图书馆还备有各种工具书供读者免费取阅。如果借阅的队伍太长,有的图书馆还为读者提供代买服务。通过降低文献获取的"成本",图书馆在扩大读者的"认同区"时再次得分。

（2）容易沟通

图书馆阅读推广的主要特点是主动交流。图书馆主动,读者参与的成本是最低的。图书馆工作人员主动,读者发问被拒绝的风险是最小的。因此,阅读推广是图书馆服务的艺术,也是最吸引读者的亮点。阅读推广形式多样,常见的活动方式有读书节、讲座培训、读者荐书、参观实践、演艺竞赛、讲故事、征文、读书夏令营、图书漂流、图书交换、成长礼物、"读者之星"评选、送书下乡及图书馆博客等。图书馆既通过开展新颖的活动吸引读者,也通过常规的阅读辅导陪读者一起走过"先苦后甜"的读书时光。工作人员与读者面对面交流所传达的信息远远超过书目的内容,这里是图书馆工作人员的舞台。

3. 了解读者的需求

阅读的个性化特征让大众阅读在图书馆产生了多元化的阅读需求。工作人员只有充分了解读者需求,才有可能做到有的放矢地开展阅读推广工作。例如,当代大学生习惯于应试教育,进入大学之后不知道如何合理安排课余时间,面对图书馆丰富的馆藏不知如何选择,许多同学课余时间沉迷于网络和游戏。

4. 选择合适的时机

推荐图书并不难,但要在恰当的时间和地点为读者推荐所需图书则不是一件容易的事。目前,许多公共图书馆选择在4·23世界图书和版权日前后、全民读书月、图书馆服务宣传周、寒暑假、春节等时段开展阅读推广活动,时机把握得都非常好。

二、专业人员的推广服务

（一）专业人员推广服务,使阅读推广工作概念化

19世纪图书馆服务理念带有强烈的"以图书和阅读教化社会"的理想主义色彩,认为好书和阅读可以净化人的心灵,提升思想和道德素质。而这一阅读理想和导读理念至今仍然是我国图书馆工作人员进行导读教育和阅读促进活动的依据和出发点,所以他们在阅读推广中依然致力于筛选和推荐好书,培养读者的阅读习惯和能力。这些我们称之为"导师式"的导读工作人员,以其凌驾于读者之上的主观意识形态来指导读者阅读,读者在接受采取阅读的同时,也会被动地接受导读工作人员的意识与观点,会受到导读工作人员的主观影响。还有一些导读工作人员,受到的是西方自由主义理念、文化相对主义理念及阅读接受美学思想的

影响。我们称之为"主持式"的导读工作人员，在阅读推广服务中，他们只承担和负责阅读活动的组织，向读者提供尽可能广泛和全面的读本和选择，而把判断、选择阅读的权利交给读者本人。他们认为读者选择读什么书或者怎么读是其的天赋权利。

众所周知，对于当今学生来说，知识获取的途径和环境正发生有史以来最大的改变。与网络同时成长起来的年轻一代，他们获取信息的方式主要包括访问网站和博客、浏览在线新闻，并喜欢通过搜索引擎获得更多的信息，他们早已不满足于被告知和被动阅读的服务方式，期待更多地参与信息的创造、传播和分享。

总体来说，在图书馆的阅读推广服务工作实践中，普遍存在居高临下，忽视读者的阅读倾向，使得图书馆的阅读推广服务工作不够理想，管理者对阅读推广工作缺乏足够的重视，没有专门人员负责，难以持之以恒和形成长效的阅读推广工作等。所以要调整思路和改进方向，如何将阅读推广服务的重心转向读者对作品的阐述及读者之间阅读经验的交流和分享，是我们图书馆工作者的责任。

（二）开展走近读者的阅读推广服务

通过改善和优化图书馆的阅读推广服务理念，采取更为贴近更为有力的阅读推广服务活动。

1. 从激发读者阅读兴趣入手，实现读者的有效阅读

利用多种形式和手段来激发的阅读愿望，培养读者阅读兴趣。比如，利用学校的丰富资源，为师生举办涉及文学、哲学、历史、科学等各学科领域的专题报告；播放优秀影视作品，使学生产生阅读兴趣和欲望；鼓励学生个性阅读等；还要在日常工作中，加强与读者的沟通，最好是一对一的沟通、一对一的咨询服务，经过与读者进行反复交流，以协助读者有效地利用图书馆各种资源，并帮助他们制定阅读计划，共同拟定阅读书目，这样才能使图书馆工作人员的服务更贴近读者。

2. 开展多渠道的创新阅读服务，实现读者的自觉阅读

阅读推广服务是图书馆的核心职能。除传统的借阅推广服务外，加大数字文献的建设和推广力度，不定期地按照特定的主题或针对特定的读者群体进行阅读推广与指导，并且结合各种各样的主题开展阅读倡导活动。如利用一年一度的"世界读书日"、校园读书活动、阅读培训、阅读征文、读者座谈会等，配合形势热点，推出精品图书展览，吸引读者共同参与读书、荐书、评书活动。还要加大对网络阅读的指导，引导读者利用先进的技术和方法进行阅读，有效实施网络信息资源的过滤；提供网络浏览导航，避免读者在网上盲目浏览，为读者节省时间；提供网络信息资源增值服务等。

3. 开展阅读交流活动，提供读者阅读交流平台

为了给爱读书的学生提供交流阅读心得体会的平台，在图书馆大厅建立交流栏，并提供一些贴心的服务，如配置座椅、纸笔、便利贴，供学生自由交流读书体会、相互推荐好书。读书协会成员就自己阅读过的读书，编写一期"推荐书目"，这样的推荐书目，是适合大学生阅读口味的书目，很受学生欢迎和采纳。还要在阅读交流场所，如"畅销小说讨论区""时政讨论区""经典小说讨论区"等场所，举办一些别开生面的活动，以传递阅读者之间的喜悦与收获，使阅读推广服务走近读者。

4. 支持社团活动的开展，现实读者对读者的贴心服务

学生社团之一读书协会，挂靠图书馆，在图书馆老师的指导下，面向读者开展讲座、培训、读者调研、读者服务及借阅信息反馈等活动。通过这些活动，能及时传递图书馆数字化建设现状及书刊订购等方面的信息，引导学生更好地利用图书馆的各种资源进行学习；能收集读者阅读需求、服务需求及对图书馆的意见和建议，促进图书馆馆藏建设和服务水平的提高。同时还与图书馆联合举办一些文化活动。

5. 创造学习共享空间，实现人性化的阅读需求

目前，在大学生中非常流行休闲型阅读，它是区别于学习型阅读的一种阅读方式，在这里读者可以放松情绪、缓解紧张压力，同时也是增加兴趣、增长知识的一种学习方法。在当今社会快节奏的环境中，休闲型阅读成为主导型阅读动机。有条件的图书馆，可以建立学习共享空间，配备一些先进的设备，如录音室、触屏影视墙、多屏显示器、电子报纸及课件触屏阅读机、培训室等，完善读者阅读空间，以弥补传统的纸质图书阅读模式的不足，更加人性化地满足了 e 时代电子的阅读需求。

阅读不仅是信息传递的重要方式，也是个体间接学习、获取知识的重要手段。可以说，掌握一切知识的基础都始于阅读。学生正处在可塑性很强的成长发展阶段，在这个阶段，有无文化的介入和渗透、有什么样的文化介入与渗透，将对学生的成长、成才产生巨大的影响。因此，阅读是学生成长、成才的必须经历的途径，也是知识社会的基石。推广阅读、服务阅读、传播文化是图书馆重要的工作任务之一。图书馆只有加大阅读推广服务的力度，丰富阅读服务形式和内容，从而更加广泛地唤起大学生对阅读的兴趣，使阅读融入他们的学习与生活，并成为他们的自觉行为。

（三）培育团队和伙伴

团队是指组织内部的成员，伙伴指的是组织外部的力量。阅读推广工作不是

某个人的事，从采编到流通，图书馆的工作人员需要密切配合。推荐的内容不仅推荐人要读，参加阅读推广的工作人员也要读，还要交流讨论。讨论的过程也是观点碰撞，剔除偏见和提高个人修养的过程。通过阅读和讨论，工作人员才能体会到阅读难点和阅读方法，积累辅导读者的技能和艺术。即便是某位工作人员轮休不在岗，其他工作人员读过这本书、参与过讨论的也能完成咨询和交流。

除图书馆外，目前参与阅读推广的社会力量还有出版者（发行者）、学校、政府、职业推广、读者俱乐部，以及学者（学会）和家长、志愿者等。图书馆的阅读推广活动不能局限于自己的小圈子，怎样建立伙伴关系，扩大阅读推广的影响力是未来需要考虑的问题。英国图书馆界从20世纪80年代末开始通过建立伙伴关系来促进阅读，参与者涉及作者、出版者、书店、图书馆协会和图书馆工作人员、政府部门和艺术委员会等，重点探讨的是图书馆与书商合作的可能性。有研究表明，借书的人比不借书的人具有更高的购买意愿，由此激发出版产业链条上的人开展合作研究。

三、树立少儿阅读意识

少儿图书馆是我国图书馆事业的重要组成部分，是课外社会文化教育机构，它既有别于成人图书馆，又不同于其他少年儿童校外活动场所。少年儿童时期是人生当中从幼稚到成熟、从依赖到独立的成长发育旺盛时期，他们具有强烈的求知欲和好奇心，而其所掌握的知识尚未形成体系，鉴赏能力具有很大的局限性。因此，他们看问题往往片面、狭隘，大多数少年儿童读者的阅读倾向不够稳定，少儿图书馆（室）除需要千方百计地满足读者的文献需求外，还必须加强对少年儿童的教育工作。那么，如何帮助少年儿童读者树立正确的阅读观念、配合学校教育，使广大少年儿童读者发展成为德才兼备的优秀人才，是每个少儿图书馆（室）工作人员义不容辞的责任。

（一）少年儿童阅读现状

由于现代生活节奏的加快和互联网的高速发展，使得传统的阅读习惯受到了极大的冲击。随着信息手段的日益丰富，少儿接受信息的渠道也越来越多，图书出版物已不再是少儿接收信息的主要渠道，电视、报刊及网络成为主要接收载体，而且在相当长的一段时间内将利用各自的优势进一步分流少儿的注意力，分割少儿有限的空暇时间。

少儿阅读活动具有许多不成熟性，具体表现在阅读随意性很强，对图书的选择上完全凭个人兴趣；阅读范围窄；缺乏必要的阅读技巧，阅读效率低下；部分儿童存在阅读障碍，主要表现在没有阅读个性的盲从心理、看重阅读数量的浮躁心理、思维处于停滞状态的慵懒心理、视阅读为苦差事的敷衍心理、内容单一的偏爱心理和为在关键性考试中取得高分的功利心理等。

1. 开拓思路，提高认识

苏联杰出的无产阶级作家高尔基曾经说过："书是人类进步的阶梯。"阅读是少年儿童认识社会、了解社会的手段。当前教育改革已使广大学生从应试教育的桎梏中解放出来，课堂教育的方式从"教师为中心"变为"以学生为主体"。少儿图书馆（室）工作人员应配合学校教育改革活动，努力从以下四个方面入手来提高少年儿童读者正确认识的重要性。

（1）抓好理论方面的宣传教育。在客观上说明阅读在社会生活中对他们健康成长的重要性。

（2）宣传古今中外人们从事阅读活动的丰硕成果，激发他们对阅读活动产生浓厚的兴趣。

（3）有意识地发扬和总结少儿读者个人的切身经验，使他们结合自己的学习、生活实践，直接认识阅读活动的意义和作用。

（4）要根据少儿读者自身的爱好和个性特点，引导他们有选择地、自由地阅读书刊资料，努力调动少年儿童的积极性、创造性。通过阅读活动，让他们愉快地学习、不断提高他们的自学能力和学习水平，养成独立学习、独立思考的习惯。

有人说，孩子的心灵是空白的容器，大人给什么他就装什么。给他可乐，他就会喜欢上碳酸饮料那充满气泡的轻快；给他果汁，他就会在缤纷的色彩里感受大自然的魅力；给他书籍，他就会插上飞翔的翅膀，穿越古今，遨游在知识的殿堂里。因此，对少年儿童进行阅读指导工作具有重要的意义。

一个民族的综合素质如何，决定了它的发展潜力。少年儿童是社会的根基，民族的希望，少儿图书馆的阅读指导工作，事关下一代的健康成长，事关祖国的未来，是一项十分崇高的事业，所以我们要清醒地认识自己肩负的历史责任，从提高民族整体素质，迎接知识经济时代挑战及国家富强和民族振兴的战略高度充分认识少儿图书馆阅读指导工作的重要意义，增强我们的责任感。

少儿图书馆是学生的第二课堂，是他们进行课外学习接受再教育重要阵地，同时又是他们可以阅读大量的书刊数据，开阔视野，陶冶情操，获取丰富的课外学习知识的主要渠道。少儿图书馆以其丰富的馆藏、现代化的服务手段，传播最新信息，把少年儿童引向一个无比广阔的知识海洋，吸引他们去探求宇宙的奥秘，大自然的奇异，去了解天文、地理、军事、古今中外及未来世界的变幻。然而大部分少年儿童因其年龄小、经历少、知识水平低等原因，不会选择图书，阅读能力差。因为青少年儿童时期，正是心理发展巨大变化的转变期，世界观尚未完全确立，这期间他们的思维和独立性有了很大发展，容易产生各种欲望和要求，他们幻想、猎奇、自信、自尊、独立、冒险、崇拜、虚荣、反抗等心理,容易产生固执偏激,他们对图书良莠不分,兼收并蓄,极易被一些不良书籍利诱,腐蚀了幼小的心灵。为此,少儿图书馆要引导孩子们爱读书、读好书,对少年儿童进行阅读指导工作,提高他们利用图书馆的意识,帮助他们有针对性地选择健康有益的读物,丰富他们的知识,培养他们的社会意识和良好的道德伦理观念。因此,做好少年儿童的阅读指导工作是一件非常有现实意义而又紧迫的工作。

2. 培养兴趣,寓教于乐

所谓兴趣,是指积极探究某种事物或进行某种活动时所产生的一种认识倾向,因此兴趣是可以培养起来的。图书馆被誉为"终身教育"的学校,少儿图书馆(室)则是"终身教育"中的"基础教育"。少儿图书馆(室)可以充分利用丰富的文献资源优势,配合形势教育,在党的中心任务、重大节日、纪念日等活动期间,举办各种形式新颖活泼、灵活多样的读书活动,要读、讲、演、唱、写、编、做相结合,将知识性、科学性、趣味性结合起来,寓教于乐,通过读书活动激发少年儿童读书的愿望与热情。少年儿童读者围绕自己希望接触和认识的某种事物、某种活动来激发起学习热情,将他们自发的、直接的、广泛的兴趣,逐步引导到自觉的、持久的、心动的兴趣上来,使阅读兴趣具有持久性、深刻性。

3. 端正态度,有的放矢

少年儿童的阅读目的是学习更多的新知识,开阔自己的视野。纵观历史长河,我们不难发现古今中外的伟人、名人,如马克思、恩格斯、毛泽东、邓小平等伟人都是从浩如烟海的书籍中汲取了丰富的精神食粮,增长了知识、提高了认识。因此,少儿图书馆(室)工作者,要善于引导少年儿童从阅读中树立远大的共产主义理想,树立正确的人生观、价值观、世界观,勇于开拓、积极进取,为二十一世纪培养更多的现代化、复合型人才。

4. 合理选择,制订计划

(1)选择优秀的图书

少儿图书馆(室)工作人员要根据时代的要求、读者的学习需要及个人的兴趣爱好等,为小读者编出"必读书目"和"选择书目",帮助他们正确选择和利用馆藏文献信息资料,并教育小读者坚决抵制内容不健康、黄色、淫秽的书刊和音像资料。

(2)制订出读书计划并教给他们读书的方法

有了合理的读书计划,阅读活动才会有方向和目标,有了阅读的方向和目标,还必须讲究科学的读书方法,只有这样,才能加深对图书内容的理解,使阅读活动更有成效。少儿图书馆(室)工作人员要教会小读者遵循循序渐进、温故而知新的阅读方法,分析比较、去粗取精、持之以恒,并联系自身实际情况,大胆创新。通过阅读活动，不断完善自己的知识结构，提高分析问题、解决问题的能力。

（3）加强阅读辅导，因材施教

少年儿童具有特定的心理、生理特征，在阅读倾向和行为上有其自身的特点。有的少年儿童读者盲目读书，没有系统，漫无目的，信手翻看，随意阅读；有的少年儿童读者虽然读书很多，但不能很好消化理解，甚至废寝忘食，影响了正常的学习和生活；有的少年儿童读者只读言情、武打或卡通类图书，想入非非，严重影响了自己的身心健康；有的少年儿童读者对阅读不感兴趣、贪玩、注意力不集中，阅读能力较低，缺乏系统地阅读训练。针对上述情况，少儿图书馆（室）工作人员要从实际出发，仔细、认真地观察，分析各年龄段的小读者的阅读心理，遵循教育工作规律，科学地、有的放矢地对他们进行阅读辅导，规范他们的阅读行为，不断帮助小读者提高阅读鉴赏水平，使广大少儿读者养成爱读书、多读书、勤读书、读好书的习惯。少年儿童是祖国的未来和希望，少儿时期养成良好的阅读习惯对他们今后的成长是非常有帮助的。少儿图书馆（室）工作人员要肩负起责任来，注意培养少儿读者树立正确的阅读观念，抓好"基础教育"这一关，为少儿图书馆事业的健康发展贡献力量。

5. 深化少儿阅读指导，开展少儿阅读活动的措施

针对少儿阅读的特点及我国现阶段国民阅读情况，必须将少儿阅读指导和阅读活动的开展纳入少儿图书馆常规的读者服务项目，充分发挥图书馆的专业优势，联合与调动社会各个方面的力量，进一步深化少儿阅读指导工作、开展丰富的少儿阅读活动。应着重从以下几方面入手：

（1）少儿图书馆要严格把好定购书刊质量关书刊数据是图书馆发挥其教育职能的物质基础，是开展好阅读指导工作的前提条件。一个藏书格调低下，藏书内容单一的图书馆是难以做好阅读指导工作的。因此，必须把好图书采购质量关。本着"选精取优"的原则，精心选择对少年儿童学习有所帮助，能够启迪智慧，有利于培养少儿良好道德素质的图书报刊，避免格调低下的不健康的和影响少年儿童正常学习方面的图书报刊引进少儿图书馆。要针对少年儿童特有的心理、生理特点，选择有针对性、可读性、思想性、趣味性较强的书刊，使少年儿童通过阅读开阔视野，训练思维，增长知识、读书育人，达到自我教育的目的。另外，要根据少年儿童读者的需求，不断调整藏书结构，确定购书种类、比例和数量，为开展阅读指导工作打下了一个良好的基础。

（2）应根据不同年龄的少儿读者心理特点，有针对性地开展阅读指导工作少年儿童正处在一个智力开发和心理逐步发育成长的时期，他们天真好学，求知欲强，更富于幻想。思想单纯，好奇心强，善于模仿，但缺乏分析能力和辨别能力。随着学习、生活环境的转变和受到教育的影响，而又不断接受新知识、新信息形

成的性格、品德和对周围多种问题的看法是比较片面的，思想认识是不稳定的，他们的思想是受到由浅入深的各种教育，特别是优秀图书对他们的启发作用是很大的。因此，要做好深入细致的阅读指导工作，应根据不同年龄的儿童心理特点，有针对性的开展工作。

针对（3~6岁）低幼儿童读者，他们属于学龄前儿童，他们的思维、兴趣爱好不同，好动、集中注意力是有限的，很难一次看完一本书，喜欢看的精神集中多看一会儿，不喜欢看的就一翻而过，这时我们就要根据他们的心理，按着他们所喜欢的思路诱导他们，应尽量用儿歌、民谣、故事、电视媒体和电子出版物等娱乐性较强的读物，给他们提出一些问题让他们回答或采用现场看图讲解的形式，启发他们动脑筋提问题，用引导思维的方式，诱导他们从小爱学习，爱读书的兴趣。

针对（6~10岁）中年级儿童读者，据观察这个年龄段的读者到馆率最高，阅读状态非常活跃、阅读量大、兴趣广泛。这一代少年儿童是在社会主义市场经济条件下成长的新一代，他们的德、智需要特点有着十分明显的时代印记，一方面他们天真淳朴，热情向上，追求正值、真诚、光明和美好，很容易接受爱国主义为主题的民族传统教育、品德教育，这些教育将美化他们幼小的心灵。另一方面，他们天资聪慧，求知欲强烈，接受能力强，具有高智慧化趋势，他们生活在一个幸福的"蜜罐子"里，受到家庭过分的宠爱，又是独生子女，大多数孩子身上形成一种孤傲的不良性格，具有家庭"小皇帝"之称。对于这一年龄段的孩子，对他们进行不同的引导会产生截然不同的效果。作为少儿图书馆的工作人员，要密切关注他们的行为，采取各种教育和辅导方式，鼓励他们的读书热情，端正他们的读书观念，帮助他们有选择地多读书、读好书，要选择一些图文并茂既有知识性，又有欣赏性，内容丰富、通俗易懂的图书、期刊、电子读物等，启发他们智力开发，增加阅读效果。同时，要对他们进行一些革命传统教育和理想教育，帮助他们正确理解有关节日、纪念日和重大国内外事件，培养他们从小热爱祖国、热爱集体、热爱科学的思想，丰富他们的书本知识，开阔他们的视野，提高他们的综合能力。

针对（10~15岁）高年级青少年读者，因为这个年龄段的读者，对于许多事物似懂非懂，并且对人物、事物有极强的追逐倾向，他们心理活动极强，情绪不够稳定，阅读涉及面最广泛，少儿图书馆针对这部分读者，选择的图书、期刊要注意门类齐全，针对性强，质量要高，知识性、综合性、集为一体的原则，还要注重考虑他们对新形式载体文献非常感兴趣，侧重于从国际互联网等电子媒体文献数据获得所需要的信息和知识这一阅读特征。我们要循循善诱，运用集中活动和个别交流等方法进行阅读指导，不但向他们推荐优秀书目和参加系列读书活动，使他们在潜移默化中提高认识，明辨是非，正确地把握人生观和世界观，让他们通过阅读扩大对社会、对生活的认识和理解，培养他们的学习自觉性和学习方法，启迪他们独立思考的能力和正确处理好人生价值等重大问题。我们还要在现代少儿图书馆阅读指导中，培养读者掌握阅读现代文献载体的技能，用直观、生动、有趣的阅读手段获取最新的信息和知识。

（3）提高家长阅读指导能力，培养少儿阅读活动的坚强后盾父母是孩子的第一个老师，也是终生的老师。少儿图书馆应该收藏儿童教育学、儿童心理学，及文学名著、科普文史等各门类的优秀书刊，向家长开放，拓宽家长的知识面，培养爱读书的家长；设立亲子阅览室，倡导亲子阅读，让家长参与孩子的阅读，启发孩子最初的阅读兴趣；利用宣传栏、网站、馆刊、媒体等多种渠道向家长介绍儿童阅读的方法和技巧；开设家教论坛，举办家长沙龙，邀请支持孩子阅读的家长现身说法，让更多的家长了解阅读对孩子的意义，邀请专家为家长讲授儿童心理，帮助学会为孩子选书，学会指导孩子阅读。

少儿图书馆不是另一个严肃的课堂，通过开展阅读活动为少年儿童开辟一个快乐的阅读空间，营造轻松的阅读氛围，使他们乐于阅读，逐步学会阅读。

四、建立少儿阅读馆藏

（一）图书馆馆藏资源

当前我国图书馆事业正进入一个蓬勃发展时期，随着国家文化信息事业的发展和人们生活水平的提高，读者层次呈现多样性并且读者对文化信息的要求也更高，这就对现阶段公益性图书馆的文献资源结构提出了更高的要求。公共图书馆面临着解决有限资金与无限读者需求之间的矛盾，图书馆文献采购和文献馆藏都应适应这种变化进行调整，更好地肩负起提高广大人民群众思想和科学文化素质的责任，为经济发展和社会全面进步提供强大的精神动力和智力支持。

1. 图书馆馆藏资源优化的意义

（1）互联网的快速发展为读者获取信息提供了更多的机会和选择，图书馆不再是读者获取信息的唯一途径，其存在价值面临着社会信息化和可持续发展的挑战，所以公共图书馆面对现状就必须努力提高文献资源的开发利用率和读者信息需求的满足率。优化馆藏资源，适应发展需求。

（2）在信息时代和数字时代，人们对获取信息的时效性和科技性的要求越来越高，图书馆受传统管理模式的制约，拥有丰富的印刷型文献资源，这已经远远不能满足读者的现实需求，如果不去引进新技术和其他载体形式的文献在图书馆发展和应用，不重视馆藏文献资源的优化建设和利用，其信息服务职能将越来越被弱化，不能适应社会发展的要求。

（3）在信息服务领域，图书馆的垄断地位已经被打破，众多单位、团体和个人都进入信息服务领域，虽然图书馆工作仍然以公益服务为主体，但信息服务的市场化使得信息服务行业的竞争日益激烈并且不可避免。所以现代图书馆必须把工作重心转移到吸引读者上来，充分发挥自身优势，全力提升服务水平，加强馆藏资源的优化升级，满足读者的需求。

2. 当前公共图书馆馆藏资源建设的现状

（1）偏重馆藏数量，忽略了馆藏质量在传统的藏书理念"大而全，小而全的"的指导下，公共图书馆在建设自身的馆藏资源时，比较注重学科的广泛性。很多图书馆工作人员在没有做好自身的合理馆藏资源建设原则和规划的情况下，单凭个人印象采购图书，或是临时突击找书目划书单，采购的文献资源类目繁杂，广而不深，系统性和科学性不强，不利于自身馆藏资源的建设和完善，难以形成科学合理的藏书体系，更不能形成自身的特色馆藏。

（2）馆藏文献更新迟缓，文献资源老化。公共图书馆纸质文献较为丰富，常年的文献累积使馆藏数量较多，但图书的剔旧少。由于购书经费或是其他原因，公共图书馆购进新书迟缓，形成新书少，旧书多，文献资源学科结构老化的现象，不能满足读者对知识时效性和系统性的需求。

（3）馆藏资源建设重视了藏，而忽略了用一些公共图书馆在服务方式上只是满足于简单的借阅服务，没有根据现代读者的需求，对现有的馆藏资源进一步的开发利用，由于没有形成合理优化的藏书体系很难挖掘出馆藏资源的潜在内涵，只是重视了文献资源的藏，馆藏资源只是在数量上增加，满足不了读者对知识的需求，因此读者借阅的图书有限，文献资源利用得少。

（4）馆藏资源重纸质文献收藏，轻电子文献收藏

公共图书馆受传统模式的影响比较重视纸质文献的采集、整理和收藏，而在网络时代，数字化时代，纸质文献已经不能满足读者的需求，越来越多的读者需要使用快捷高效的方式获取自己所需的信息资源，无形之中公共图书馆就流失了很多读者，这就客观的促使图书馆必须根据读者的需求购进电子文献和数据库，满足读者需求，吸引读者走进图书馆。这样既有利于节省馆藏空间又避免了重复购进相同的纸质文献，节省了购书经费，方便了读者检索查阅。

3. 新时期公共图书馆馆藏资源优化建设的措施

对于公共图书馆在资源建设中存在的问题和不足，图书馆应该根据自身的馆藏建设原则和整体的规划，认真调研读者和城市经济建设对文献资源的需求，采取科学合理的建设方案，合理有效的使用文献购置经费，提高文献的馆藏质量，保持馆藏体系的完整性和连续性。

(1) 制定馆藏规划，科学合理采购

馆藏建设是图书馆开展各项工作的基础，在当今的信息时代，馆藏建设由重保存向重利用方面发展，开发馆藏的价值显得尤为重要。因此采购文献的品种、数量、内容、读者需求的一致度越高，利用率就越高。图书馆应该根据自身馆藏建设的需要制定合理的馆藏规划，确定合理的采购计划，做到目标明确，有章可循，才能够有的放矢、科学地把牢各个具体采购环节，使有限的经费，取得最佳的订购效果。

(2) 文献经费合理配置

公共图书馆在采集收藏实际馆藏时，不可能面面俱到，采购图书时要充分考虑它的时效性、针对性、性价比，特别是在经费紧张的情况下，按照馆藏长期规划，必要时可以采取保护品种，减复本，要突出重点，形成特色。只有形成特色优势，这才是图书馆不能被复制的核心所在。

(3) 根据读者需求，增加电子文献馆藏

公共图书馆藏书结构多以印刷型文献居多，由于信息技术的快速发展，现今读者通过网络获取的信息越来越多，电子文献的重要作用日益显现，并客观地促使图书馆要加大电子文献的收藏比重。因此各个公共图书馆必须依据本地区读者的需求，在广泛调研的基础上，注重征求反馈意见，从而决定采集、订阅不同种类的文献或是不同种文献的载体形式，不断优化馆藏信息资源的结构。例如，受读者青睐的参考型电子文献，是由各种社会、经济、科学、技术、产品数据构成的数据库。购置这类数据库可以部分替代相同内容的印刷型参考工具书，实现相应的文献保障能力。既满足了读者的需求，又节省了馆藏空间。

(4) 合理配置，重用促藏

数字时代公共图书馆在向数字化图书馆发展的过程中，馆藏建设必须由封闭型转向开放型，由重保存向重利用发展。这就要求我们恰如其分地处理好"藏"与"用"的关系，避免购置文献的重复浪费。比如，"电子报纸"的光盘版，都是回溯性的，是印刷型报纸的最佳替代品。订购印刷型的现期报纸供读者阅览，减少专门收藏的份数；而同时订购电子型的报纸供收藏和回溯检索，两者应合理配置。既解决了传递信息的时效性问题，又保证了收藏方便和读者检索便捷的需求。再如，保存样本书库，要转变每种文献都抽取样本作为保存本的观念，有区别、有原则地选留保存本，最大限度地将馆藏文献向读者开放，提高文献的利用率。

(5) 做好藏书剔旧，提高馆藏质量

网络时代，图书馆规模及藏书量已不再是引以为荣的资本，而馆藏资源的质量却越来越受到重视。馆藏必须经常处于新陈代谢之中，才能够符合藏书的发展规划。随着信息更新周期的不断缩短，读者对文献的新颖性、时效性的要求日益迫切，所以只有经常地做好藏书剔旧，提高馆藏质量的时效性和新颖性，才能满足读者需求。

（6）地方特色馆藏建设

地方文献是反映一个地区在社会发展中的政治、经济、历史文化、科学、教育、民俗等各方面内容的珍贵资料，具有明显的位置境域，是认识和了解一个地方的沿革和社会发展动态的重要窗口。各公共馆可以根据本馆所在地区的历史、地理、政治、经济、文化发展的特点，在满足本地区读者需求的基础上，有目的有重点地收集相关的地方文献，建立本馆特色馆藏，使公共图书馆作为社会主义文化事业的重要组成部分，能更好地服务于当地读者，为经济发展和社会全面进步提供强大的精神动力和智力支持。

综上所述，公共图书馆的发展和馆藏资源的不断优化需要几代图书馆工作者的不懈努力，公共图书馆工作者应该根据本馆的实际情况结合地区发展的需要，以科学的工作态度，明确的文献建设策略和合理的建设原则，并在工作中不断地总结，完善，逐步提高资源建设水平，发挥好公共图书馆的社会文化职能。

（二）加强网络环境下少儿图书的馆藏建设

电子计算机与现代通信技术相结合，为人类创造了一个全新的信息环境——网络环境，它给图书馆少儿图书的馆藏建设带来了机会和挑战。

1. 网络环境对图书馆少儿图书馆藏建设的影响

网络环境下的图书馆馆藏概念比传统图书馆馆藏概念大大地扩展了，它既包括图书馆实际拥有的馆藏，同时又涵盖了虚拟馆藏。在网络环境下，界定馆藏不能只考虑它实际拥有的馆藏数量，还应考虑包括网络文献信息资源。但是，算作馆藏的网络文献信息资源只应该是图书馆能够利用的那部分网络文献信息资源。

2. 网络环境下图书馆少儿图书馆藏建设的新特点

（1）馆藏资源建设多元化。现在的少儿图书馆藏资源中，印刷型文献还占有绝对的地位，但是，随着信息技术的发展，少儿类的音像资料、光盘、数字化资料等多种信息资源也在不断涌现。这些信息媒体传递速度快，存储量大，内容丰富，检索便捷，能提供联机存取，提高文献传递效率和效益。

未来的图书馆，将是多种文献载体的集合体，少儿图书的馆藏资源建设，将会呈现多元化发展的态势。少儿图书馆藏建设的多元化，既是未来社会的要求，也是符合少儿图书服务对象的需要。因为，少年儿童的心理和求知兴趣与成人不同，他们接受知识的方式比较注重新奇、有趣的形式，他们对新知识的接收能力及适应力较强，特别对以图像结合的动画、电影、游戏等信息交流方式更加喜爱。我们在少儿图书馆藏文献资源建设时，应注重选择一些新颖有趣的读物、音像、光盘，以培养和提高少年儿童的音乐修养、文化情趣，寓教于乐是少儿读者接受知识的特征。

（2）网上信息资源建设形势紧迫。加强馆藏建设的根本目的是最大限度地满足读者的需求，而目前我们网上少儿信息资源不足与少儿信息需求矛盾日益突出。由于经费缺乏、人才支持不够等多种原因，少儿图书在网上资源建设方面不尽如人意，由此造成由图书馆提供的网上少儿信息资源匮乏，这与我国拥有占人口1/3的少年儿童的国情是极不相称的。因此，加快少儿图书特色馆藏建设并尽快上网，为少年儿童提供更方便、快捷的服务，是少儿图书在网络环境的新任务。近几年，随着因特网的普及，青少年上网人数的比例有逐年增加的趋势，网络对少年儿童的学习、生活和娱乐产生着巨大的影响，少年儿童渴望借助网络查找到自己所需要的信息。因此，图书馆如何利用网络环境这一机遇和有利条件，更好地为广大少年儿童读者服务，已成为图书馆服务的重要内容。

（3）馆藏资源共享网络化。在信息爆炸、信息需求迅猛增长的今天，仅仅依靠一个图书馆，是不能满足读者需求的。在网络环境下，应该走网络联合之路，各馆充分抓好本馆的少儿图书网上信息资源。通过一定的协议实现资源共享，这样，一个图书馆不仅可以为其读者提供本馆的馆藏资源，还可以借助于计算机网络实现资源共享，获取和利用本馆以外的信息资源。

3. 网络环境下图书馆少儿图书馆藏建设出现的新问题

（1）采选工作难度的加大

由于多媒体信息类型和载体多样化，使得少儿图书在确定馆藏时要考虑诸多因素，也使得采访工作的难度加大了。应逐渐扩大少儿图书电子类出版物的收藏比例。对电子出版物的采访收藏，应注意结合以下四个方面的因素：①本馆的具体任务及广大少年读者的特殊需要；②电子出版物中信息的准确性、及时性；③电子出版物与印刷出版物的价格比和信息量比；④电子出版物与其他类型文献之间的互补性及电子出版物的馆际协调。

（2）原有馆藏原则和标准受到冲击

由于电子信息和网络信息的出现，使得原本的馆藏原则和标准变得不适用，我们应该根据本馆的实际情况，从本馆的读者需求出发，对馆藏原则和标准及时地做出修改和补充。

（3）数字化存储介质保存要求严格

由于数字化信息比印刷出版物更容易受人为和图书馆自然条件的影响，数字化信息的妥善保存尤为重要，对其保护，应从以下两个方面着手。

①制定本馆网络安全管理条例，包括人员管理、技术和设备管理、应急措施管理、用户登录上网权限的设置管理等内容；

②对计算机病毒、计算机电源、计算机机房的温度和湿度等要高度重视,防止计算机病毒、意外停电造成数据丢失。

(4)版权问题日益突出

由于网上信息没有国界,传输和利用都是不容易控制的。因此,网上信息的下载、数据的套录就有可能出现侵权。图书馆利用网上资源的目的是更好地为广大少年儿童提供优质的服务,要在加强资源共享意识的同时加强知识产权保护意识。

4. 网络环境下加强少儿图书馆藏资源建设

(1)改变收藏的思想观念

随着电子出版物的发展,电子文献的数量、种类急剧上升,图书馆势必要将电子出版物纳入收藏对象。根据本馆的实际情况,分析本馆读者的需求,有计划、有步骤地收藏一定比例的电子文献。不能因为目前电子文献的需求量小,管理上比较烦琐,就不收藏或少收藏。在今后相当长一段时间内,传统纸质文献与电子文献是并存的,我们应该兼收并蓄,充分发挥它们的长处,更好地为青少年读者服务。

(2)提升采访人员的素质

图书馆采访人员的素质从某种程度上说,决定着图书馆馆藏质量的高低。在网络环境下,采访人员除了具备传统馆藏建设的要求,还要具备以下素质:①了解国际最新学术动态。采访人员要随时学习,不断更新自己的知识,完善自己的知识结构,了解国际学术方面的新发展、新动态;②应用新兴知识和技术。随着信息时代的到来,一些新的知识、技术名词不断涌现,采访人员应能跟上时代的步伐,追踪最新的科技潮流,利用新技术为工作服务;③掌握出版业、书业知识最新动态。采访人员还应掌握与其工作相关的图书业、出版业方面的专业知识,如图书的种类、载体、销售;出版社的类型、出书特点、最新发展动态。

(3)制订出适应本馆特点和条件的文献资源建设原则

根据本馆的馆藏资源状况、特色文献的建设和网络应用条件、服务对象特点,进行综合平衡,制订出适应本馆特点和条件的文献资源建设原则。制定的原则应遵循以下四个要求:①文献拥有与存取并重。网络环境下,图书馆藏书发展突破了仅依赖于物质实体的馆藏的局限。努力获取网络信息资源,充分利用全国文献保障体系所提供的服务,使之逐渐成为馆藏建设的重要内容。在这样的背景下,文献资源收集的含义有了极大的扩充,自身所拥有的馆藏信息资源和可存取的信息资源,共同构成了图书馆开展文献服务工作不可或缺的两个基础。即图书馆依据社会文献保障系统和因特网中丰富的文献资源,开展馆藏互借和网络文献传递服务,服务于本馆读者。这样,文献拥有与文献传递、网络资源存取有机地结合起来，使得图书馆更有效，更经济地满足读者的需求；②印刷型文献和电子型文献协调发展。根据本馆的经济状况、技术实力，有计划、按比例地收藏电子型文献，制定出二者的合适比例，做到二者兼收并蓄，充分发挥它们各自的优势，协调发展；③加强文献资源特色化建设。我们要根据广大少年儿童的需求，对于使用频繁的、读者需求量大的，我们以多种形式收藏，除纸质外，我们还把他们转化成电子文档的形式上传到网上，建立本馆的网站，实现网上阅读、下载和检索；④把本馆的文献资源通过扫描转化成电子文档。建立本馆特色的各类型数据库。通过资源共享，从网上下载或套录数据，再进行编辑整理，形成我们自己的网上资源；也可以通过购买得到我们需要的数字文献资源。

总之，作为知识信息收集与传播的图书馆，网络化趋势给我们的机遇与挑战是并存的，如何利用网络资源以丰富馆藏为广大少年儿童读者服务，如何处理网络化与少儿图书馆藏建设发展的关系，在今后的一段时期内是少儿图书管理人员工作的重要内容。[①]

第二节 少儿图书馆阅读推广的模式

一、制定儿童阅读战略规划

作为组织整体运行的根本指导思想，战略代表着对处于动态变化的内外部环境之中的组织现状及未来发展的总体表述；战略规划不仅阐明组织存在的理由，更重要的是为远景目标的实现提供可行的思路、方法与途径指导，从而在现实与目标之间架起桥梁。在国外公共图书馆的战略规划中，促进儿童阅读的战略目标和策略是其中非常重要的一部分，如波士顿公共图书馆在其战略规划目标中明确表示，波士顿公共图书馆致力于培养儿童和青少年的阅读兴趣及创造性思维，帮助他们从早期识字过渡到自主阅读，并提出通过加强儿童早期读写活动、在儿童离校期间提供学习帮助、培训工作人员等具体措施。格林威治图书馆提出，要通过开展活动强化促进儿童早期识字的效果，培养儿童的阅读兴趣，帮助孩子们获得学业和生活上的成功和快乐。加拿大桑德贝公共图书馆在其战略规划中，进行了图书馆内外部环境扫描，并提出促进儿童识字和学习是图书馆的首要任务，要积极开展活动实现这一目标。

公共图书馆需要在开展儿童阅读推广之前，制定与儿童阅读相关的战略规划，其内容主要包括使命、愿景、目标、任务、计划等。公共图书馆在确定阅读促进对象范围时，应将0～18岁所有儿童包含在内，并就不同年龄段的儿童制定不同

---

① 王双.少儿图书馆阅读指导及推广[M].北京：光明日报出版社，2016.

的目标与任务。然而在实际中，多数公共图书馆不提供儿童或低龄儿童服务，这偏离了公共图书馆普遍、均等服务的宗旨。公共图书馆应积极创造条件、排除万难，进一步拓展儿童服务群体范围。

公共图书馆制定儿童阅读推广战略规划过程一般由决策层主导，其他各相关机构、个人等共同参与制定。制定儿童阅读战略规划，既要与国家、当地政府发布的关于儿童发展、教育、阅读的法律法规、方针政策、发展规划等保持战略方向的一致，又要符合公共图书馆所服务的当地儿童人口分布、发展趋势、教育现状、阅读现状、阅读需求等现实要求。在制定过程中，应注意充分调动儿童阅读服务和推广工作人员参与的积极性，规划制定出台后，要组织相关人员学习和理解规划目标和行动计划，以形成上下一致的行动理念。

二、设立儿童阅读推广部门

设立专门的儿童阅读推广部门，可以保障图书馆有专门的团队致力于儿童阅读推广各方面的工作，服务的人力物力更集中、更专业，不受图书馆其他工作的干扰，可以更好地开展儿童阅读推广活动。我国公共图书馆的部门职能划分还没有达到精细化，儿童阅读推广工作主要由图书馆的儿童服务部门承担，或者由专门的活动部、阅读推广部负责。将来条件成熟后，公共图书馆可将儿童阅读推广工作剥离出来，并成立专门的儿童阅读推广部门负责儿童阅读推广。

三、制定儿童阅读推广年度计划

儿童阅读推广年度计划是实现儿童阅读战略规划的必需途径，战略规划主要着眼于儿童阅读促进的中长期目标、总任务和保障措施，是公共图书馆儿童阅读推广工作的纲领性文件；而年度计划则着眼于儿童阅读促进的短期和近期目标、具体任务和措施，是公共图书馆儿童阅读推广工作的指导性文件。在制定儿童阅读推广年度计划时，公共图书馆要从以下六个层面来把握核心内容：第一个层面是本馆的儿童阅读推广战略规划，这是大方向，不能偏离；第二个层面是全国性的年度儿童阅读推广计划，公共图书馆应将本馆计划与全国性计划联动起来，可以取得更好的宣传效果，获得更多的外部支持；第三个层面是当地政府、教育主管机构、文化机构、学校/幼儿园、社区等外部机构的文化、教育、阅读、公益活动等方案；第四个层面是国内外其他图书馆开展的儿童阅读推广活动情况或方案，可适当借鉴；第五个层面是当地儿童阅读现状和需求调研结果；第六个层面是公共图书馆现有人力、物力、财力等条件允许下可能实现的计划。

公共图书馆年度计划一般由儿童阅读推广部门（或儿童服务部门、活动部门、阅读推广部门）负责制定，并经图书馆决策层讨论通过后生效。年度计划可详可简,如果制定了详细的年度计划,则应该包含每项任务的具体实施方案,包括时间、负责人、人员分工、经费预算、经费来源、面向对象、活动主题、活动内容、渠道、合作主体、宣传途径、各类保障等。如果年度计划比较简略,还应该在每项具体任务开展之前制定相应的实施方案。

年度计划确定后,公共图书馆应按计划进度做好相关准备,并对外界做好宣传,确保达到好的效果。国外图书馆会将当年的阅读推广活动日历在网站上专栏公布,便于儿童和家长提前了解图书馆当年的活动安排,并提前安排个人时间,避免错过感兴趣的活动;同时,这也是图书馆接受社会监督的一种方式。国内图书馆几乎没有一家一次性公布全年活动计划的,多数图书馆在某项具体活动开始前一两周公布,少数图书馆以月度活动计划形式公布,且此类信息一般在图书馆的通知公告栏,很容易被其他新的信息淹没,不方便查看。因此,我国公共图书馆在活动计划发布方面有待改进。

四、开展儿童阅读推广活动

开展儿童阅读推广活动,是公共图书馆促进儿童阅读最直接的途径,也是实现图书馆儿童阅读战略规划、儿童阅读推广年度计划的重要手段,开展儿童阅读推广活动要注意以下几方面的内容。

(一)合作主体的选择

公共图书馆在开展儿童阅读推广过程中与很多主体形成了良好的合作关系,在一定程度上缓解经费不足问题、人手不足问题、推广渠道问题、资源不足问题,以及宣传问题等,使得儿童阅读推广可以覆盖更广的范围、开展更持续性更专业的活动。目前,我国公共图书馆与外部机构合作的主体可分为以下五类。

1. 政府部门

近年来,随着国家对全民阅读的重视,各地方政府部门也加大了当地的阅读推广力度,纷纷开展包括儿童阅读在内的阅读推广活动。政府主导的活动,往往调集了辖区多个部门的力量,覆盖面广、号召力强,因此图书馆要以此为契机,将本馆的儿童阅读推广活动主动融入地方政府部门主导的儿童活动中。

2. 学校/幼儿园

中小学校和幼儿园是儿童在3~18岁是主要的活动场所,而且,阅读不仅是学习的一部分,阅读更是促进学习的重要手段。因此,公共图书馆应该积极主动与中小学和幼儿园开展阅读推广合作,通过学校和幼儿园,将阅读引进课堂,让阅读走近儿童。公共图书馆与学校和幼儿园的合作主要包括以下三个方面:一是资源上的合作,公共图书馆要将适合儿童的阅读资源推送到学校和幼儿园,比如在每个课室设立图书角,或在学校和幼儿园设立专门的阅览室,有条件的也可以将图书馆的数字资源通过与学校和幼儿园联网,方便儿童可以远程阅读,如河北省图书馆在赞皇县第二中学设立了服务点,定期为该校学生送书、换书。二是活动上的合作,公共图书馆可以参与到学校和幼儿园举办的活动中,将活动地点放在图书馆,鼓励学校和幼儿园带儿童到图书馆参观、开展活动,培养儿童的图书馆习惯;还可以与学校和幼儿园合作举办故事会活动、绘本剧表演活动等,如绍兴市图书馆在读书节期间到学校开展的主题班会活动、安徽省图书馆到与小学合作开展校园读书节、河南省图书馆为小学语文阅读课开辟阅读中心等。三是人员上的合作,公共图书馆可以邀请学校和幼儿园的具备阅读、儿童心理、亲子教育等方面专业知识的老师为图书馆其他读者举办讲座,也可以为学校和幼儿园的老师提供阅读教学知识的培训机会等。同时,学校和幼儿园也要积极配合图书馆,在儿童阅读时间、阅读空间、阅读课程、阅读指导等方面给予充分的支持。

3. 社区机构

公共图书馆与社区机构合作,对双方来说是双赢的好事。对于社区机构而言,可以为社区内居民提供更丰富的文化生活,营造社区的书香氛围,有利于构建和谐社区;对于公共图书馆而言,可以通过社区将图书馆的服务、活动信息及时传达到各个家庭和儿童,也可以通过社区提供的场地开展活动,如浙江省图书馆主动深入社区为儿童举办了"科普讲座"。公共图书馆可以在社区设立分馆,配备必要的阅读设施和儿童图书资源,并定期在分馆举办儿童阅读推广活动,真正活跃社区的阅读氛围,发挥社区分馆的作用。

4. 企业合作

在国内,具有社会责任感、热心公益事业的企业越来越多,图书馆应积极寻求与企业合作,共同推动儿童阅读。与企业合作开展青少年阅读推广,应首先考虑重视文化建设的企业,其次考虑热心公益慈善事业的企业,再次关注青少年成长的企业,从次专门生产与少儿日常生活学习等息息相关产品的企业,并根据相关企业目标,策划出能增进企业文化建设、扩大企业社会影响力等活动方案来,以促成合作的成功,最后寻求回报企业的途径。公共图书馆与企业合作的途径主要有如下两种:一是合作开展活动,由企业出资、图书馆负责活动策划和举办。二是合作设立分馆,由图书馆提供文献资源,企业提供场地和管理人员,通过这种合作延伸公共图书馆的服务,如衢州市图书馆在巨桑集团开设分馆,划分成人和少儿借阅区,分馆内企业员工可以方便地与孩子进行共读。当合作方式为第一种时,公共图书馆要寻找与企业合作的契合点,促成共赢,争取与企业达成长期合作关系;当合作方式为第二种时,要加强对企业分馆的业务指导和资源的及时更新,并积极开展阅读推广活动。

5. 媒体

公共图书馆与媒体合作，主要有三种方式：一是借助媒体的力量扩大宣传效果；二是借助媒体的号召力共同开展公益活动；三是以媒体为渠道，开辟公共图书馆儿童阅读推广专栏节目。

（二）推广渠道的选择

1. 物理渠道

儿童及家长很少去图书馆的原因中距离是最重要的因素，并且0～6岁儿童家长对图书馆开展儿童阅读推广的地点倾向性最大的是在幼儿园，其次是小区、农家书屋等离家近的场所。因此，公共图书馆在开展儿童阅读推广的渠道选择上，一方面要保证到馆读者的需求；另一方面要兼顾不便到馆的读者需求，加大在幼儿园及社区、农家书屋开展阅读推广的频次。

另外，对于儿童来说，家长是其获取阅读指导最信任的对象，家也是让其阅读时最放松的地方，因此依托家庭开展儿童阅读推广已经越来越受到重视。如美国实施的"家庭参与教育伙伴计划"，除了由教育部成立相关部门处理行政事务，还有很多企业界、社会团体、宗教团体、家长会等加入计划，共同对家庭与家长参与儿童阅读提供各种保障与支持。

2. 虚拟渠道

（1）网络

网络和新媒体的发展，为公共图书馆提供了可以不受时空制约的虚拟渠道。很多公共图书馆通过网站提供了形式多样的儿童资源，使得儿童可以不到馆也可接受图书馆的服务。网站内容的丰富性，影响着儿童能够享受到服务的程度。

（2）广播

广播是一种传统的传播工具，特别是在一些农村偏远山区，孩子们既没有足够的图书资源，又没有电视和网络，广播则可以发挥极大的阅读推广作用。

（3）电视

电视已经成为传播知识、分享阅读的重要媒介之一，如中央电视台的"百家讲坛""子午书简"等栏目，受到了广大观众的欢迎。我国公共图书馆也积极尝试通过电视开展儿童阅读推广，如绍兴图书馆与相关单位联合建设的"绍兴电视图书馆"，通过在绍兴市数字电视平台，向广大读者推介服务项目、发布各类活动信息、提供各类学习视频及电视图书、电视杂志等。其中，为儿童提供的电视服务有少儿国学、英语、法律、科普知识学习，以及从小学到高中的课程辅导服务等。

3. 移动渠道

移动渠道是近年来公共图书馆拓展服务半径、实施主动服务的又一方式。这种渠道要求公共图书馆要定期、定点深入儿童生活区、学习区、活动区，强调持续性，形式要尽量多样化，不仅仅是提供现场借还书、阅读服务，还要开展相关的阅读指导活动、读书会活动等，提高儿童参与的积极性，努力让远离公共图书馆的儿童可以享受与在馆读者同样优质的服务。移动图书馆对于馆舍面积紧张、馆内接待能力不强的公共图书馆来说，显得尤为重要。

（三）过程策略的选择

根据营销阶段相关理论，笔者将公共图书馆的儿童阅读推广分成四个阶段，即服务导入期、树立形象期、强化形象期、塑造品牌期。

1. 服务导入期

服务导入期是公共图书馆开展儿童阅读推广的最初始阶段，面向的是公共图书馆的潜在读者。在这一阶段，公共图书馆在儿童群体中的知晓度较低，儿童对公共图书馆缺乏了解和信任，并且受原有阅读或生活习惯的影响，导致参与图书馆活动的积极性不高。公共图书馆开展儿童阅读推广，必须有儿童的参与，而要使儿童积极参与，就必须首先让儿童及家长知道图书馆、记住图书馆进而产生走进图书馆的愿望。

在服务导入期，要通过"拓展渠道"达到"广而告之"的目的。公共图书馆要在"阵地宣传"的基础上，延伸到图书馆之外的任何儿童比较集中的场所开展活动，如深入学校和幼儿园、社区、青少年活动中心、商场等地开展活动。"广而告之"，就是要广泛宣传，与各类媒体合作，进行事前事后的全方位宣传，有家长建议公共图书馆应该借鉴儿童用品及早教产品公司那种几乎"无孔不入"的营销方式。另外，要注意"节日活动"模式与"日常活动"模式的结合，大型节日活动可以在短时间内让儿童知道图书馆，如各地开展的"读书节""夏令营""图书周"等活动；在节日活动结束后，还要定期开展"日常活动"，加强儿童对图书馆的记忆和印象。

服务导入期，并不限于公共图书馆儿童阅读服务项目的宣传。近年来，很多图书馆为了吸引儿童，开展了许多看起来"与阅读无关"的活动，如"雨伞彩绘义卖""才艺展示""亲子趣味运动"等，其实不然，公共图书馆已经将关注儿童、重视儿童成长的理念很好地传达给了家长和儿童。

2. 树立形象期

当服务导入成功地将潜在儿童读者发展为图书馆新读者后，图书进入了面向读者"树立形象期"阶段。图书馆对儿童读者能不能产生吸引力，第一印象很重要，即资源是否丰富，环境是否优美，如果一个图书馆没有可以满足儿童的阅读资源、没有舒适的阅读环境，那么很难改变当下很多儿童在家阅读、在书店购书的既有模式。

（1）准确把握资源采购方向

了解儿童及家长的兴趣。7~18岁儿童将自己的兴趣作为选书的首要依据，0~6岁儿童家长将根据自己的判断选择适合孩子的书，因此，了解儿童和家长们的想法很重要。工作人员要多做有心人，注意观察儿童和家长的偏好，主动与儿童及家长沟通，或定期进行问卷调查获得更明确的信息。调查中有家长对参与图书馆的儿童图书采购活动很感兴趣，目前也已经有公共图书馆组织儿童、家长到书店或书展共同选书，无疑是一种很值得推广的做法。

（2）打造适合儿童阅读的环境

物理环境要干净舒适、温馨便利。优美的图书馆环境可以激发儿童阅读兴趣、增强儿童阅读效果，人文环境要热情友好、专业高效。图书馆工作人员作为儿童阅读推广的实际推动者，对儿童的图书馆阅读体验和个人发展都起着重要的影响作用。少儿图书馆工作人员对待儿童要有同情心，像父母对待子女，使儿童不知不觉中受他的感化，养成良好的习惯；除要具有图书馆专业知识外，最好接受过师范教育的正规训练，如儿童心理学、教育学，这样才能顺应儿童心理，吸引儿童并用合适的方法指导儿童阅读。

除此之外，公共图书馆要对新读者加以特别的引导，减少儿童使用图书馆过程中的迷茫，避免儿童因不会使用图书馆而产生自卑心理。一方面，可以制作图案活泼、内容简明、指引清晰的图书馆使用指南，在儿童办证时随卡发放；另一方面，可以定期举办诸如"新手上路"类的专题活动，专门为新入馆的儿童读者组织参观图书馆、示范设备设施使用、讲解如何快速找到喜欢的书等，让他们尽快适应图书馆并形成"图书馆小主人"的感受。

3. 强化形象期

当儿童初步了解和适应公共图书馆的环境和资源后，开始进入阅读和参与活动阶段。在此期间，公共图书馆的重心要从环境营造和资源提供转向提升阅读过程服务及阅读推广的推陈出新方面。只有这样，图书馆才能对儿童产生持久的吸引力和新鲜感，才能使儿童成为"活跃读者"。

（1）提供个性化服务

个性化服务，体现的是"以人为本"的理念，这是所有服务行业崇尚的理念，公共图书馆在儿童服务中，也应注重儿童个性化发展的需求。

打造家庭书架。公共图书馆可以联合儿童家具生产销售企业，为家庭提供儿童书架；由图书馆根据儿童年龄、生理心理发展特征及阅读兴趣，参照分级阅读理念，帮助家庭建设藏书体系，并在不同的家庭间定期更换图书；同时，对于在家阅读的儿童，图书馆要定期上门进行阅读指导，特别是低幼儿童家长，图书馆要专门对其进行亲子阅读技能的培训，确保家庭书架能真正发挥激发儿童兴趣、培养儿童阅读习惯的功能。这种为家庭"量身定做"的服务,对于馆舍面积不足、工作人员人手不足、馆内接待饱和的公共图书馆而言,尤为适合。

在我国,图书馆提供家庭作业辅导的服务还很少,只有极少数图书馆在尝试开展这样的服务,如江苏常州的武进区图书馆,与常州大学社会工作者协会的志愿者合作,由图书馆提供场地,志愿者到图书馆,每周半天,为小学4~6年级的孩子提供语数英的课外辅导。这种服务不失为我国公共图书馆拓展服务内容、为儿童提供个性化服务的有益探索。但是,这种方式覆盖面较窄,而且间隔周期长,不能及时解决儿童课业上的难题。今后,有条件的公共图书馆,也应通过网络,开辟家庭作业辅导专栏,充分发挥在校大学生、教师志愿者的作用,面向更广的儿童群体、提供更为及时的作业辅导服务。对于农村儿童,一方面公共图书馆可以组织志愿者定期(间隔周期尽量缩短)到社区或村委会进行定点辅导,也可以在村委会、农家书屋开通网络,供有需要的儿童获得即时的帮助。总之,家庭作业辅导服务对工作繁忙没有时间为孩子做家庭作业辅导,或者文化程度不高及请不起家教的家庭来说,无疑是雪中送炭。

(2)打造儿童和家长的交流平台

能使青少年保持长久阅读兴趣的影响因素中,虽然父母和学校起了不可或缺的作用,但是影响力最大的却是与儿童们有着共同兴趣爱好的同龄人。因此,公共图书馆的阅读推广不仅仅是提供静态的图书,也不仅仅是面向同一年龄段的儿童开展同样的活动,还应该为具有共同兴趣的儿童们"牵线搭桥",为他们提供交流和互相学习的平台。图书馆在登记读者证信息时最好设置"兴趣"栏,由儿童自愿提供,并在后续服务中根据儿童的借书记录、参与活动情况等构建读者库,为具有同类兴趣的儿童读者组建一个线上线下的"朋友圈",为他们提供读书心得交流、作品情节讨论、好书推荐,以及其他共同兴趣类的活动,图书馆工作人员要做好组织、引导、保障工作,并在活动中适时插入阅读技巧指导,推荐同类优秀书籍。

构建儿童家长的"交流平台"。对于上网方便、熟悉计算机操作的儿童家长群体,图书馆可以创建网上交流平台,如建立儿童家长的QQ群、微信群。例如,东莞图书馆建立的"儿童天地活动交流群",该群均为儿童家长及儿童服务及推广工作人员,群内成员非常活跃,家长们每天空闲时都会在群里讨论儿童读某本书时的反应、亲子阅读的经验、近期阅读的图书推荐,以及其他各方面与儿童培养、教育甚至生活相关的话题。这种方式不仅使得公共图书馆可以更方便地了解家长们的需求,对于不方便上网和不擅长计算机打字的儿童家长之间的沟通和经验分享,也鼓励更多的家庭分享成功的亲子阅读经验和科学的育儿方法。

（3）活动上要推陈出新

儿童读者的需求不是一成不变的，公共图书馆的服务也应随着儿童需求的变化而变化。公共图书馆在保证基本服务的前提下，要不断在资源、在服务、在活动上推陈出新。

4. 塑造品牌期

在目前公共图书馆开展的活动中，几乎每一种形式的活动都有数个图书馆在开展，各个图书馆之间的差异化不明显，同质性严重，表明整体来说，我国公共图书馆的儿童阅读推广还处于简单模仿状态，未能实现"百花齐放"的局面；各个形式的活动创新性要素不明显，未能产生让人将某一活动与某一图书馆联系起来的"品牌效应"。我国公共图书馆应将效果好、形式新颖的儿童阅读推广活动加以提升，塑造成"品牌"。一方面，"品牌活动"是日常已开展的活动，但"塑造品牌"期的公共图书馆的做法又与其他开展同类活动的图书馆的做法有显著的差异；另一方面，"品牌活动"又需要包装，以标准化的、鲜明的形象向外界展示，强化儿童的记忆。对于图书馆来说，塑造品牌形象非常重要，一方面可以吸引儿童读者；另一方面，可以吸引社会资源，可以获得更多志愿者的加入，资金和人手的问题得到有效解决，图书馆也就能持续性地良性发展了。公共图书馆成功塑造品牌之后，可以强化读者的认同感，形成更多的忠实读者，忠实读者会主动向周围的朋友、熟人宣传图书馆，通过这种"口碑"效应进一步拓展了图书馆宣传的范围。

五、总结、评估儿童阅读推广活动

儿童阅读推广活动涉及多方面的内容，受多种因素干扰，实施效果未必与制定计划时的预期效果一致，可能比预期效果好，也可能低于预期效果。一方面，公共图书馆虽然是公益性文化服务机构，既需要通过总结、评估彰显活动的价值、成效和影响，作为向上级主管部门申请活动经费及向社会募捐的依据；另一方面，公共图书馆需要通过对活动的总结和评估，对工作人员进行绩效考核，以促进工作人员提高责任心，并通过总结评估发现工作人员在儿童阅读推广专业知识方面的不足，进而制定更为合理的工作人员发展计划。

目前国内已有少数公共图书馆开始对开展的儿童阅读推广活动进行评估和总结，在实践中也总结出一些对儿童阅读推广活动评估的经验，如通过活动举办情况、活动评价情况、活动后续影响、我国公共图书馆评估定级标准等进行评估。但整体上，目前对儿童阅读推广活动进行系统和长期、深入评估的实践较少，多是通过读者调查问卷了解读者满意度，或在图书馆或部门的季度或年终总结报告中对开展过的儿童阅读推广活动进行简单介绍。[①]

[①] 王余光.图书馆阅读推广研究［M］.北京：朝华出版社，2015.

第五章 少儿图书馆阅读推广的队伍建设

阅读推广是全民阅读战略实施的执行个体,尤其在全民阅读计划实施发展阶段,阅读推广的素质对阅读推广活动具有举足轻重的作用。因此,建设一支高素质的阅读推广队伍是阅读推广活动开展的首要任务。本章笔者从阅读推广队伍的含义及其构成、阅读推广队伍的能力建设与阅读推广队伍的管理三个方面阐述了阅读推广的队伍建设。

第一节 少儿图书馆阅读推广队伍的内涵

一、阅读推广队伍的含义

阅读推广队伍是以阅读推广为单元构成的有组织的集合体。最初我国未对阅读推广进行明确的定义,在政府和阅读推广机构的高度重视下,阅读推广活动逐步迈向成熟,阅读推广也开始有了明确的定义。综合国内相关研究,阅读推广可定义为,以促进我国阅读推广事业的发展作为终身奋斗目标,具备开展阅读推广工作的专业能力、组织能力和一定思想水平的人,他们是有能力通过各种形式或载体向他人推荐阅读资源、传播阅读理念与方法、提升大众文化素养的专业和业余人士。早期的阅读推广宣传呈现出以推广宣传一些经典的儿童文学、经典文学等主题的特征,通常以文化宣传或教育培训等方式进行,后逐步发展成为以阅读推广为主题的阅读推广。随着全社会对阅读推广的关注和国家对阅读推广的重视,相关部门和机构开展了一些阅读推广的宣传及培训,阅读推广逐步成为较为正式的"头衔"。阅读推广队伍是一个多元化的队伍,不同阶层、不同职业的个人都可能成为阅读推广队伍中的一员。阅读推广可以来自国际社会组织、政府部门、出版机构、书店、图书馆,以及民间读书会等组织。

二、阅读推广队伍的构成

（一）按照人力资源的类型划分

按照人力资源的类型来划分阅读推广队伍，将阅读推广队伍的组成人员分为志愿型阅读推广员和非志愿型阅读推广员。

（1）志愿型阅读推广员

志愿型阅读推广员一直在阅读推广队伍中占据很大的比例，并发挥着越来越重要的作用。志愿型阅读推广员是指社会公民以志愿者的身份加入阅读推广活动中，不收取任何报酬地为阅读推广服务的人员，通常人们将其称之为志愿者。阅读推广活动是一项全民参与的活动，引入志愿型阅读推广员，对阅读推广活动的开展和志愿者本身都具有积极的意义，对阅读推广活动而言，志愿者的加入在节省阅读推广活动经费，减轻专职人员工作负担的同时，为阅读推广活动增加了新的生命力，对于志愿者而言，通过阅读推广活动的组织和开展，志愿者不仅收获了知识，提升了文化素养，还锻炼了与人交流沟通的能力。从宣传推广的角度来看，志愿者加入阅读推广服务的行列中，首先，使志愿者本身体会到阅读推广的价值感和使命感；其次，经由阅读推广的言传身教，一部分人对全民阅读有一定的了解，并带动更多的人开展读书活动。引入志愿者是阅读推广活动中人力资源补充的一种重要形式，阅读推广活动本身是一种结合社会力量才能完成的系统工程，在社会上应倡导志愿者服务，邀请和招募热衷于阅读推广工作并具有较高素养的仁人志士参与阅读推广活动。如何发动、组织、鼓励志愿者是阅读推广队伍建设面临的首要任务。对此，各地采取了不同的措施，比如苏州图书馆通过与幼师学校联系，从在校学生中招募讲故事的姐姐，到图书馆给小朋友讲故事；首都图书馆"播幸福的种子"项目则在全市招募志愿者，然后组织阿甲、松居直等国内外名家对他们进行培训，待培训、考核合格后，颁给其证书，鼓励他们学成后在图书馆或者社区给孩子们讲故事。

（2）非志愿型阅读推广员

全民阅读的实现，离不开高素质的专业阅读推广。除招募志愿者外，阅读推广队伍建设应注重专业型、复合型的人才培养，通过长期培训、定期培训、继续教育、学术研究、工作调研等方式来培养阅读推广树立正确的阅读推广服务理念，建立多元化知识结构，提高阅读推广专业技能，以此来提高阅读推广员的素质。在此基础上，社会相关组织可成立专门的阅读推广机构或阅读推广委员会，在阅读推广活动的规划和组织、实施上发挥作用。

非志愿型阅读推广员是指以获取报酬为条件，按照阅读推广的总体要求而参与到阅读推广活动中，为阅读对象提供一些特殊的服务而形成的一种人力资源。当阅读推广活动希望提供一些更高层次的阅读推广项目，如专题讲座、咨询、读者沙龙、培训等，往往受到现有人力资源不足或专业水平、专业技能不够的困扰，在这种情况下，就应该充分利用社会人力资源来拓展阅读推广活动，志愿型阅读推广员是阅读推广活动中必要的组成人员，阅读推广队伍不能要求所有的阅读推广都是志愿服务，非志愿型阅读推广员往往具有更强的阅读推广的专业能力和组织能力，能在必要的时候为阅读推广活动献计献策。

（二）按照专业层次划分

如上所述，阅读推广对社会人力资源的需求是多方面的，引入的目的由阅读推广活动的层次类型决定，具体包括以下两类。

（1）阅读推广专业人才

阅读推广专业人才，即指在某一学科或某一领域中具有一定造诣或权威性的阅读推广专业人士。专家具有一定的影响力，可以有效提高阅读推广活动的效率，激发大众参与阅读活动的热情。比如，邀请一些具备专门知识背景、有一定学术造诣和学术影响力的阅读推广专家进行培训或做公益性推广宣传活动，会极大地提升阅读推广活动的效果，有利于吸收优秀的人员加入阅读推广队伍，提升阅读推广队伍的素质，保障阅读推广队伍建设的可持续发展。

（2）一般阅读推广者

一般阅读推广者是指除阅读推广专业人才外的所有阅读推广员，既包括那些在其他领域具备某一方面知识或技能的人员，也包括普通水平的阅读推广员，其包含范围较大，约占阅读推广队伍的98%。从某种形式来说，只要具备开展阅读推广工作相关的专业能力、组织能力和一定的思想认识水平，同时愿意与读者一起分享，并乐于帮助读者选择好书，就能成为一名合格的阅读推广者。

（三）按照组织类型划分

（1）政府及其相关人员

政府具有权威性与强制性，全民阅读一旦上升为国家层面，则政府必将成为全民阅读推广的主要力量，政府及其相关人员将是阅读推广队伍的重要组成部分。政府及其相关人员（尤其是领导人员）具有使用阅读推广社会资源的权利，能为持续开展阅读推广活动提供资金、政策、人员等方面的保障；行政区域的阅读推广政策及宣传可以促进市民阅读意识的形成，引导阅读推广队伍的建设。同时，政府组织的阅读推广具有权威性与指导性，其活动被人们视为当前社会政治主流文化活动，有利于阅读推广的进行。

（2）专业学术团体及人员

专业学术团体是指在专注于阅读推广研究、宣传及实施的组织机构。这类机构不但具有一定的阅读资源，还具有相当数量的阅读专家，在阅读推广活动中表现出较强的专业性、引导性及科学性。比较有代表性的学术团体是中国图书馆学会及其各分支学会。

（3）图书馆机构专职人员

图书馆是开展阅读推广工作的主要阵地，图书馆工作人员是阅读推广工作的主力军，同时阅读推广活动也是图书馆工作人员的本职工作。目前，大部分图书馆设置了阅读推广工作岗位，但由于缺少阅读推广队伍的建设与管理机制，造成了阅读推广岗位形同虚设的局面。

图书馆是信息资源集成地，是阅读推广的主要阵地。随着我国政府对全民阅读活动的重视，阅读推广活动逐渐在各级图书馆开展起来，并占据了越来越重要的地位，培养专业化、规范化的阅读推广队伍已成为图书馆服务工作的新趋势和新方向。近年来，图书馆通过邀请阅读推广专家对图书馆工作人员进行组织能力、策划能力、沟通能力等各方面进行专项能力培训，培养出了一批专业性强、阅读推广能力强、实践经验丰富的图书馆阅读推广员。

（4）家庭及其成员

从阅读推广的组织类型来说，家庭及其成员是阅读推广的基础细胞，是全民阅读推广的元网络，更是全民阅读推广的具体实践者。我国一直重视"耕读传家"的传统，其中一项重要的内容是家庭藏书量。少儿阅读推广是全民阅读推广的重点，也是国家全民阅读活动实施成败的关键，培养儿童阅读兴趣与阅读习惯一直是各国较为重视的问题。

（5）学校教师

培养学生爱阅读、多阅读、会阅读的能力，除家庭外，学校教师承担了孩子入学后的大部分阅读教育。研究表明，阅读习惯既非天生如此，亦非文化遗传，而是后天习得的结果。学校具有丰富的阅读资源，教师具有较高的阅读指导能力，因此，教师可以从阅读内容、阅读方法等方面提供专业指导。

阅读能力即支撑一个人开展阅读活动所需的识文断字能力和思维理解力。这两种能力，大部分人是在学校时期发展起来的。据调查，在人的一生中，心智最活跃的时期是青少年时期，人生的最佳阅读时期恰好也在这一时期，一个人的阅读兴趣如果在青少年时没有培养起来，成年之后就相对难一些。因而全民阅读的重点应是青少年阅读，开展全民阅读推广活动关注的重点对象也在青少年群体。教师组成的阅读推广队伍不但是培养学生阅读兴趣的主要参与者，更是阅读推广技巧与方法的传授者，对全民阅读推广具有无可替代的作用。

教师是学生学习的领路人,是孩子学习的榜样,是最好的阅读推广员,对学生的成长起着示范作用,教师要承担起阅读推广的重任,尤其是语文教师,首先要自己爱读书、会读书。

(6) 民间阅读推广机构及人员

民间阅读推广机构是指致力于文化传播、提供阅读服务的民间组织,包括各类读书公益组织、社团组织、绘本馆、图书营销商等。他们通过承接政府或民间的社会阅读推广项目来开展阅读推广工作,或以营利为目的,通过宣传当前主流图书或主流思想进行营销,间接实现阅读推广活动。民间组织具有区域性质,常以明确的某种主题组织进行阅读推广活动,是当前促进阅读推广的重要力量。[①]

第二节 少儿图书馆阅读推广队伍的能力

随着社会的进步,阅读推广开展推广工作的各项技能已经不能正常满足阅读推广工作开展的需要,专业的阅读推广队伍仅靠短期的培训还不能满足阅读推广的需求,还需要在阅读推广的思想水平建设、专业能力建设和组织策划能力建设上下狠功夫。

一、思想水平建设

阅读推广是知识文化、价值观念和阅读理念的传递者,因而思想水平建设在阅读推广队伍中显得尤为重要。思想水平是思想觉悟和思想境界的集中体现,人的思想水平体现了人的综合素质和综合能力,表现为开阔的视野、广阔的胸襟、恢宏的气度和深度的思维。阅读推广队伍的建设要从思想水平建设入手,主要围绕思想政治觉悟的提高和道德修养的提升进行。

(一) 思想政治素质

思想政治素质是各类素质提高的根本保证。作为知识的引导者和推荐者,阅读推广的思想政治觉悟是阅读推广事业能否朝健康方向发展的关键。如果阅读推广的思想政治觉悟偏离了正确的政治方向,就不能很好地贯彻党的方针政策,阅读推广工作就不能有效开展。

阅读推广要具备高度的责任感和事业心,强烈的敬业精神,认真负责工作的态度和严谨细致的工作作风,在工作中发挥主动性和创造性。阅读推广要增强服务意识,主动加强同阅读推广对象的沟通和交流,随时关注读者的阅读心理和信息需求,耐心回答读者咨询,以热情和友善的态度对待读者。

---

①刘纪刚.图书馆阅读推广理论与实践[M].北京:九州出版社,2019.

（二）道德修养

意大利著名诗人但丁曾说："知识不全的人可以用道德去弥补，而一个道德不全的人难以用知识去弥补。"一个人道德水平的高低取决于道德修养的程度，崇尚道德是我们中华民族的传统美德。做一个有道德修养的人是人一生的必修课，阅读推广作为阅读价值观的传播者，道德修养尤其重要。阅读推广的道德修养是指阅读推广在道德意识、道德情感和道德行为方面要严格按照最高标准要求自己、反省自己和约束自己，同时在反省过程中不断提高自身的道德境界。

有道德修养的阅读推广主要表现在以下四个方面：

（1）爱岗敬业，阅读推广要热爱阅读推广事业，致力于把阅读推广事业发展到一个新的高度。

（2）文明礼貌，阅读推广的对象是人，要求阅读推广员具备文明礼貌、乐于助人的优良品质。具体的要求是阅读推广员要语言规范、礼貌待人、平易近人、举止沉稳，以及治学严谨等。

（3）热爱读者，阅读推广员的热爱可以打开读者的心扉，激发读者的兴趣，消除两者之间的隔阂，从而增加阅读的动力，提高对阅读的热情。

（4）努力学习，钻研业务。阅读推广员要坚持终身学习，不断获取阅读推广的素材，更新阅读推广方法。

二、专业能力建设

阅读推广的专业素质直接影响阅读推广工作开展的效果，建设一支高水平的阅读推广队伍是全民阅读工作开展的迫切需要。

（一）专业能力组成要素

阅读推广的专业能力包括对推广素材的阅读能力、对推广素材的推广能力、与推广对象的沟通能力，以及从外界获取推广素材的能力。

1. 阅读能力

爱读书是阅读推广员的基本要求，会读书则是一个优秀阅读推广员的必备要求。而阅读能力是成为一名合格阅读推广专业能力构成的基本条件，它不仅指对读物内容的理解能力、鉴别与欣赏能力，同时也包括对读物内容的甄别能力和筛选能力，一个没有阅读能力的人没有资格成为一名阅读推广员。阅读推广员在阅读推广工作中扮演着主体角色，肩负着传递全民阅读文化和激发阅读推广对象强烈读书兴趣的社会重任。如果阅读推广员自身拥有某一文化领域的专业背景和学识，可能更加有利于阅读推广工作的开展。作为资深的阅读推广，不仅要重视自身阅读能力的提高，更要在最短的时间内，快速掌握琳琅满目读物的内容，并对其进行比较、甄别及评价，把值得推荐的读物带给不同的阅读对象，同时还要特别注重阅读方式和阅读数量的积累。

2. 推广能力

对推广素材的推广能力是阅读推广专业能力构建的最重要的部分。阅读推广员的低层次要求是指向读者推荐读物、引导阅读、激发兴趣，更高层次的要求是指向阅读推广对象传播一种阅读价值观，培养国民爱上阅读、崇尚阅读的美好氛围。阅读推广员必须具备良好的语言表达能力，积极扮演阅读动机与阅读兴趣的引发者，并能利用各种媒体、媒介做好阅读宣传工作，面向不同的读者群体，选取不同的阅读推广素材，引导大家感受阅读的魅力，享受阅读的乐趣，逐步形成阅读的意愿。阅读推广能力其实也是一种教学执行能力，阅读推广员通过自己的授课，来调动阅读推广对象的积极性，最终使阅读推广活动落到实处。所以，教学执行能力是从事阅读推广活动工作的人应具备的基本功。从广义的教学上说，一次阅读推广活动相当于一次教学活动。我们可以把阅读推广的对象——读者看成阅读推广的教学对象，从教学方法论的角度来阐释阅读推广活动的性质。教学过程是以教师的主导地位为基础，充分发挥学生的主体作用。在教学过程中，教师利用其主导地位，充分调动学生的积极性，激发学生参与到教学活动中，让学生自主建构知识，这是最流行的建构主义教学论的基本要求。虽然这些理论都是典型的教学方法论范畴，但同样适用于阅读推广活动。特别是我国公共图书馆阅读推广和高校图书馆阅读推广可以把阅读推广活动的推广视为一次教学活动，图书馆作为阅读推广工作开展的重要场所，图书馆工作人员要突破身份限制，明确在阅读推广活动中工作人员就是教师的主导意识。公共图书馆的阅读推广员，承担着面向社会群体进行阅读推广的重任，这是面向公众传播文化的教师。

3. 沟通能力

与阅读推广对象进行有效的交流和沟通也是阅读推广员工作中不可缺少的一环。阅读推广的过程是指阅读推广员通过一定的组织形式向读者介绍优秀读物、分享读书感受，并通过答疑等形式帮助有阅读障碍的人群克服阅读障碍或者帮助读者提高阅读兴趣的过程。在阅读推广的环节中，阅读推广员的沟通能力包括四方面的内容：第一，倾听能力。沟通大师戴尔·卡耐基说："要你做事的唯一方法，就是把你想要的东西给你。想要知道对方要什么，倾听绝对是不可或缺的第一步。"他同时也提到，如果你想成为一个谈话高手，必须先是一个专心听讲的人。所以，沟通第一要领是多聆听，而不是自己一直滔滔不绝地说。第二，表述能力，即阅读推广员能清楚、准确地呈现阅读推广的理念、方法及形式，能让自己表达的思想或主题完全被读者所理解。第三，理解能力，即理解读者的阅读需求及推广后的反馈。第四，人际交往能力，在阅读推广过程中，阅读推广员能以自身良好的知识素养、丰富的文化底蕴、优雅的谈吐和仪态、谦和的态度以及崇高的人格魅力来感染在座的每位读者，折射出亲和力，就能更容易缩短与读者的距离，更能真实地了解读者的需求信息和基本情况。

4. 获取素材的能力

巧妇难为无米之炊，若平常没有注重素材的积累和对已收集的素材进行整理分类的过程，那阅读推广员拿什么进行推广？推广素材的收集和整理是进行阅读推广工作开展的前期准备工作，阅读推广员需及时掌握最新颖的素材、互动性强的素材、质量优异的素材呈现给读者。作为阅读推广员，必须根据不同类型的读者需求，利用好网络平台，与书商、出版社及图书馆等部门建立获取素材的稳定途径，以便及时掌握大量的素材信息，只有做好阅读推广的前期准备和自身的文化沉淀，才能在阅读推广工作中得心应手。

（二）专业能力建设途径

1. 专业教育

人力资源的欠缺，是导致目前阅读推广工作未得到有效开展的重要原因。任何一支优良的队伍都不能缺少具有专业知识和丰富实践经验的人才。阅读推广工作也不例外，需要有阅读推广教育专业的专业人才。到目前为止，我们国家还没有设置阅读推广专业。阅读推广工作已成为图书馆服务工作中的核心任务之一，图书馆工作员是开展阅读推广工作的重要力量。面对其他学科的不断发展，图书馆学也应该随时代变化，改革学科教育体系，科学设置阅读推广专业教育，主动承担起培养阅读推广人才的重任，促进图书馆学教育的创新发展。

培养阅读推广专业人才的捷径就是开展阅读推广专业教育，通过阅读推广专业教育，培养理论与实践全能型的阅读推广专业人才，再通过阅读推广人才发展和丰富阅读推广理论与实践，进而发展我国全民阅读推广事业，以阅读推广事业推进全民阅读，建设书香社会，提高人口文化素质，增强社会发展潜力，实现国家的可持续发展，具有重大战略意义。

2. 职称晋级

职称是专业技术人员的专业技术和能力水平的称号，代表着一个人的水平、工作的业绩和对工作的熟练程度。阅读推广本质上不是职业的象征，而是社会地位和荣誉的一种称号。阅读推广员的职称晋级可分为以下几个阶段：

（1）实习阶段。在掌握阅读推广入门手册基础上，了解两种常规阅读推广模式：馆藏推荐，即阅读推广员通过对馆藏图书的月度、半年度、年度借阅量进行排名，找出畅销书信息，同时挖掘新书推荐信息，用于编制主题书目，向读者进行图书推荐的一种方式。此方式以馆藏资源推荐为主，但又不局限于馆藏资源，旨在为读者提供更多优秀图书信息。常规读书会活动，即阅读推广员面向不同人群开展有针对性的读书会活动和主题读书会交流活动，比如由专门的幼儿阅读推广员用特殊的语气和表情为3-6岁的小朋友组织开展的"故事会时间"活动。

（2）初级阅读推广。在初步掌握阅读推广几种常规模式的基础上，熟练掌握阅读推广的几种阅读方式，如座谈会、诵读会、书画展、辩论赛、阅读征文、读后感等，能够依据阅读推广对象的年龄、爱好、职业，以及阅读能力等的差异性，有针对性地选取不同的推荐读物。

（3）中级阅读推广。能灵活运用最基本的几种阅读方式，基本掌握不同年龄段的读者需求，能够尝试更多的阅读方式，如集体读书会，根据读者的兴趣做好读物推荐工作。

（4）高级阅读推广。能结合自己在阅读推广过程中的经验，发现新的阅读方式，并懂得如何向读者推荐适合自己的书籍，能用自己的语言向身边的人传授阅读的经验；确定交流会的主题，并与读者一起开展读者交流会分享读书心得和体会。

（5）王牌阅读推广。能坚持终身学习，自觉提高自身的文学修养、文学鉴赏水平；能快速甄别优秀读物，并指导适合对象阅读；注重信息更新，随时关注最新颖和互动性强的、紧贴时代主题的阅读推广素材；能对阅读推广员做阅读推广培训，用自己的实践经验与阅读推广志愿者分享和交流。

阅读推广员的职称晋级反映了阅读推广员从实习阶段发展到王牌阅读推广员的发展过程，是阅读推广员逐步迈向成熟的重要标志。这不仅是对阅读推广员的认可，也是使阅读推广员转变为阅读推广人才的奖励办法。

3. 学历提升

学历是一块敲门砖，是个体展现在他人面前的第一印象，是最直接的表现。学历虽然不一定等于能力，但学历是反映一个人学识水平的重要途径。知识经济时代，大多数成功人士都具备高学历，因为学历是学习的证明，经过学习，能增长你的知识积累，丰富你的知识面。

当然，这并不意味着只有学历高的人才能成为一名阅读推广员，学无止境，阅读推广可以通过参与多种学习方式来提升自己，如自学考试、网络教育、及成人高考，这些教育形式都是国家承认的学历。相信在学历提升的过程中，不仅能提升阅读推广员的知识文化水平，同时也能为阅读推广员多添几分自信，进而更有效地完成阅读推广重任。

三、组织策划能力建设

组织策划能力是阅读推广员有效开展阅读推广工作的重要组成部分，是影响阅读推广效果的重要因素，它是指阅读推广根据阅读推广活动的目标和主题，分析现有条件（阅读推广的对象、场地、经费、设施等），进行重新规划和设计，提出最具可行性的阅读推广方案的能力。组织策划能力的提高不是一蹴而就的，而是一个需要借助培训、自身长期学习、思考，以及经验积累逐步提高的过程。作为一名阅读推广，除具备开展阅读推广的专业能力外，还要注重组织策划能力的提高，必须善于思考，勤于思考；勤于积累推广素材，最终精炼出阅读推广的主题；创新思维方式，改变过去思维模式，才能做出优质的阅读推广方案。

（一）组织策划能力构成要素

阅读推广的组织策划能力由创新能力、策划能力和实施能力三大部分组成。

1. 创新能力

创新是一个国家、民族发展的动力。创新是指在现有的思维模式下提出有别于他人的思维模式和独特的见解，并能获得一定效果的行为。创新能力是指创造新事物的能力，包括创造新方法、新理论、新观点及新技术等。阅读推广的创新能力是指阅读推广要把创新阅读推广理念、创新阅读推广方式及创新阅读推广主题作为工作发展的动力源泉。第一，准确把握新时代阅读推广工作的特点，与时俱进，不断创新和发展阅读推广理念和发展思路。"互联网＋"已经深入人心，数字阅读推广是时代的产物，是对传统阅读推广的挑战和突破，也是未来阅读推广的重要形式。阅读推广不仅要学习数字阅读推广，还可以推广"真人图书馆""走读活动""社交阅读""移动阅读"等阅读推广概念。第二，创新阅读推广工作的新方式和新手段。在阅读推广过程中要做到"以人为本"，根据读者的需求，为读者量身定制阅读推广服务模式，转变过去老套的服务模式，把被动服务模式变为主动服务模式，实现滞后服务向超前服务转变，充分发挥阅读推广的服务潜能，尽可能满足读者的需求，体现出阅读人服务的积极性。第三，要创新阅读推广的主题形式，主题形式的多元化，不仅满足了不同层次阅读推广对象的需求，同时拓展了阅读推广对象的视野和知识面。阅读推广活动的方案离不开创新思维，不断追求新思维，变封闭思维为开放思维，变单项思维为多项思维，变守旧思维为创造性思维，用独特的视觉开辟新领域，才能策划出好的阅读推广活动方案。

2. 策划能力

策划能力是策略思考和编制计划能力的总称。阅读推广是阅读推广活动规划者。阅读推广只有善于策划，善于组织，才能充分获得和调配阅读推广资源。阅读推广策划能力是指阅读推广员遵循阅读推广发展规律，巧妙将策划理论知识和实践经验有机结合，整合现有的阅读推广资源，敢于突破传统阅读推广观念的束缚，善于创造，勇于开拓，创造出主题鲜明、别出心裁地阅读推广方案，同时也包括对方案实施过程中可能出现问题的把控预见能力。

3. 实施能力

阅读推广是活动的执行者，即阅读推广活动的实施者。阅读推广的实施过程好比教师在课堂上的教学过程。阅读推广的实施能力是指阅读推广员开展阅读推广活动的能力及对阅读推广活动的现场控制能力，即在一定时空范围内，阅读推广员借助肢体语言、优美的语音语调，通过创设轻松的和谐的阅读氛围，积极有效地实施所策划的阅读推广方案，并能根据具体情况控制整个阅读推广活动的能力，包括把握阅读推广的目标，阅读推广方法的灵活运用，组织调整阅读推广活动的方式，创设阅读推广氛围以及解决阅读推广过程遇到突发状况的能力。

（二）组织能力建设途径

1. 优化培训课程体系

培训部门应根据学员的培训效果和学员的反馈信息不断优化。课程体系可在现有基础上进行分级设置、动态补充，以现有必修课程体系为基础，根据具体需求变化，有针对性地开设短期阶段课程，进行专门的强化训练。例如，增加案例教学，通过分析活动策划过程中遇到的各种困难，活动现场出现的各种突发问题和状况，帮助学员进一步提高活动策划和现场控制能力。一方面，在培训的课程设计过程中注重与阅读推广项目资源的结合，为实践课程提供可观看和模拟的对象；另一方面，注重将培训学员与有待开发的阅读推广项目相结合，有计划地招收相关来源的学员，以便在学员完成培训并取得阅读推广资格后可以参与到待开发的阅读推广项目中，使培训成果真正转化为阅读推广的实践。

2. 树立终生学习的思想

虽然我国各种阅读推广活动开展得如火如荼，但名副其实的阅读推广为数不多。随着阅读载体的增多，阅读文献的剧增，推广阅读信息的获取与海量信息之间存在着一定的张力，阅读推广只有不断深入地学习，提高自身的各项技能，才能保持知识增长与知识获取的一种动态平衡。[①]

第三节　少儿图书馆阅读推广队伍的管理

管理是人类社会组织活动中最普遍也是最重要的一种活动，是在特定的条件下，对组织内的人力资源、物力资源、财力资源和信息资源等进行系统的规划、重组和调配，使其能更好地实现组织的目标的一种活动，对阅读推广队伍的管理已成为图书馆界一个重要的命题。随着阅读推广队伍的日益壮大，为了能更好地

---

① 刘纪刚.图书馆阅读推广理论与实践[M].北京：九州出版社，2019.

推动全民阅读推广事业的蓬勃发展，必须做好阅读推广队伍的管理工作，阅读推广队伍的管理要以先进的管理理念为指导，并通过一系列管理机制来实现阅读推广队伍的管理，促进全民阅读推广工作的顺利完成。据调查，目前还没有一套专门针对阅读推广的管理办法，由于阅读推广构成的复杂性和多层性，对阅读推广队伍的管理迫在眉睫。

为了更好地做好阅读推广服务工作，必须建立全新的阅读推广管理目标和阅读推广管理机制。

一、管理目标

阅读推广队伍为能更好地服务于大众，也必须设定这个队伍的管理目标。阅读推广队伍的管理目标的设定要注重科学性、合理性、先进性和可操作性的有机结合。科学性是指符合阅读推广主体的职责和阅读推广的理念，符合阅读推广对象的自身需求；合理性是指完成设定目标的保障条件能到位，能使管理目标的实施得到可持续发展；先进性是指要完成阅读推广队伍的管理目标不是一蹴而就的，而是需要阅读推广长期不懈的努力；可操作性是指完成目标有相应的方法和措施。阅读推广队伍的管理目标也被称作阅读推广队伍目标管理，它是指把提高全民阅读素质整个目标作为阅读推广队伍的导向，以阅读推广客体为中心，以阅读推广为主导，以阅读推广的效果作为标准，来促使整个阅读推广个人或队伍取得最佳业绩的管理办法。

阅读推广队伍的目标管理可分为三步：第一步，目标的设定。图书馆或者阅读推广管理中心的管理层从整体布局出发，从阅读推广的使命和战略性出发，预设管理目标，再结合阅读推广个人的提案进行重组和优化。第二步，目标过程的管理。目标管理注重结果，强调自觉，并不意味着管理人对阅读推广放任，撒手不管，由于已经确定了阅读推广目标体系，一环疏忽，全局受牵连。因此阅读推广的管理部门对推广的管理是必不可少的，从对阅读推广的培训、资质认定、素材的积累等方面多渠道进行接触。对于阅读推广遇到的疑难问题，要给予适当的帮助。第三步，总结和评估。阅读推广达到预设定的阅读推广效果后，要进行书面和口头总结，与队伍其他人分享成功之处，虚心听取他人建议，并根据目标的完成情况，给予一定的奖励。如果预设定的目标没有完成，要帮助分析原因，及时总结经验教训。

二、管理机制

阅读推广队伍的管理机制主要有招募机制、培训机制、认证机制、评估机制及激励机制。这五大机制紧密相连，为阅读推广队伍的管理提供了坚实的基础。

（一）招募机制

与发达国家相比，我国人均年借书量仍存在一定差距，因此，急需一支高素质、专业化的阅读推广队伍来引导全民阅读工作的开展，指导国民阅读，激发他们阅读的兴趣，提升全民阅读推广的质量。为保证阅读推广工作能长期有效地开展下去，为给有志于成为阅读推广的各界人士提供一个平台，阅读推广管理中心应建立起一个长期有效的阅读推广招募机制。为提高阅读推广队伍的专业性，在阅读推广的招募过程中，要做到宁缺毋滥，不能为求阅读推广队伍的壮大，而降低阅读推广队伍的质量。所以在招募筛选过程中，要注重人员的阅读推广专业能力、组织能力和思想认识水平。

图书馆或者阅读推广管理部门应利用自身条件，从微信、微博、QQ等网络平台及各大媒体公布招募信息，吸引那些热爱阅读推广工作的人；邀请图书情报界、文学界、出版社的名人志士来做客，提高招募信息的社会影响力。在提高关注度的同时，应制定合适的报名条件、报名形式、工作内容、方式等相关招募内容。报名条件可涉及以下几个方面：自身热爱阅读推广工作，志愿成为一名阅读推广员；有较强的文学鉴赏能力，有深厚的阅读功底；良好的沟通能力和倾听能力；较强的组织能力，有大型读书会、读书沙龙组织经验优先录取；有充足的时间开展阅读推广工作和长期的阅读推广培训工作。

（二）培训机制

培训机制为阅读推广专业知识的提高、技能的提升和阅读推广工作的开展提供了强有力的保障。阅读推广的培训机制包含了阅读推广前期的需求分析、阅读推广培训内容设计、培训项目实施及培训效果评估内容。

1. 需求分析

为达到最佳的培训效果，阅读推广管理部门应多渠道了解阅读推广的需求，这样才能有针对性地开展培训，做到有的放矢，为后期的内容设计及阅读推广项目的实施创造良好的条件。首先，图书馆可设计调查问卷，通过调查问卷的反馈信息来了解他们对培训内容的需求及对培训方式的喜好，比如阅读推广的理论知识、成功案例的分享、专家授课、阅读推广现场观摩，以及阅读推广现场模拟等方式。其次，图书馆可与培训者进行小组面谈或者个体面谈来做好培训前期的准备工作。无论采取何种培训方式及培训内容，都应在了解需求后，确定培训目标，以保证培训工作的顺利完成，同时提高阅读推广的素质。

2. 内容设计

在了解了培训需求并设定培训目标的基础上，拟订培训时间、培训地点、出勤规则等，以保证培训项目的顺利进行。作为阅读推广的专业培训，务必开设阅读推广必修课和选修课。必修课包括阅读推广理论知识、教育心理学、阅读方法等，选修课可根据将来开展阅读推广工作的对象进行适当的选择和删减。

在培训内容的设计上，要根据培训对象将来开展阅读推广工作所面向的对象进行明确的分类。根据阅读推广对象性质可分为：婴儿阅读推广、幼儿阅读推广、少儿阅读推广、少年阅读推广、青年阅读推广、中年阅读推广、老年阅读推广、盲人阅读推广及聋哑阅读推广等。鉴于阅读推广对象的复杂性，对培训内容提出了更高的要求，务必采取分类培训的方式，在阅读推广理论专业知识拓展的基础上，根据阅读推广对象进行分类授课。

在进行分类培训的同时，要兼顾阅读推广专业能力和素养参差不齐，分层次进行培训。阅读推广的培训按级别可分为初级培训、中级培训及高级培训。初级培训就是基础培训，课程内容主要包括：国内外阅读推广的简单介绍，阅读推广常用的2~3种基本方式，让培训人掌握阅读推广的基本操作步骤；让受训人理解阅读推广理念、基本含义，使受训人在阅读推广实践中学有所用。中级培训是初级培训的提高，在对阅读推广理论有初步认识的基础上，为中级培训者开展儿童阅读推广、老年阅读推广、盲人阅读推广等培训内容。高级培训即研究型阅读推广培训，即研究阻碍我国阅读推广的因素，通过不断地深入研究，促进我国阅读推广事业快速发展。

3. 培训项目实施

为保证阅读推广培训的科学性、规范化及公平性，培训单位要选取合理的培训方式开展培训项目实施。具体表现在两方面：在培训课程中通过模拟教学或者教学案例，分析阅读推广的项目流程、阅读推广项目的实施方案，以及案例中可能遇到的突发状况和解决方案；注重将受训人与将来有待开发的阅读推广项目相结合，方便学员在培训结束后，能快速地投入阅读推广项目中，使阅读推广培训真正转化成阅读推广实践。

4. 培训效果评估

为保证培训质量，对培训效果进行评估非常必要，一方面，通过受训人对课程内容的掌握程度、实习报告，以及现场模拟阅读推广工作的开展来考核受训人是否合格，合格的颁发阅读推广相应证书。另一方面，在培训工作结束后，用调查问卷或者访谈形式，来评估受训人对培训内容和培训形式的满意度及接受程度，并且结合受训人的反馈信息记录成册，为日后的培训提供参考信息。

（三）认证机制

阅读推广的认证机制是在培训机制建立的基础上而制定的，认证机制的建立更能保障阅读推广队伍的专业性和纯洁性。

由于我国目前还没有开设与阅读推广相关的专业，因此在职称资质认定分类中，没有关于阅读推广的资质认定，阅读推广不仅需要很强的专业能力，同时，要成为一名专业的阅读推广，必须通过相关部门的资质认定。开展阅读推广活动的过程其实就是活动的策划者、组织者通过阅读推广活动帮助缺乏阅读意愿或能力的人群爱上阅读、崇尚阅读的过程，同时也是阅读推广对象接受教育的过程。特别是对于儿童的阅读推广工作来说，其与学校教育极为相似。无论是何种形式、何种主题，何种规模的阅读推广，无论阅读推广所面临的对象群体是谁，都应该由接受过阅读推广专业培训或者经过相关部门资质认定的阅读推广来组织开展相关工作。

阅读推广管理部门应当制定相关的认证制度，其中包括阅读推广的定位、分类分级、认证程序、选聘条件及选聘办法。聘用，分为考核聘用和直接选聘两种方式。其中，阅读推广的聘用以考核聘用为主要形式，即由认证专家组在已经培训合格的阅读推广中，按一定比例择优聘用。此外，为扩大阅读推广培育工作的影响范围，吸引更多关注与支持，除参与阅读推广培训的人外，只要热衷于阅读推广事业，同时具备开展阅读推广工作深厚理论功底或丰富实践经验，获得有关阅读推广管理部门认可的个人，可经认证专家组讨论通过直接授予阅读推广资格，目前，已有来自教育界、文化界、媒体界、民间阅读机构及图书馆界等领域的十位社会知名人士被聘为首批上海市阅读推广，引发了媒体与市民的关注，他们在阅读推广方面的理念与实践也为参加培训的学员起到了引领和示范作用。此外，为保证受聘的阅读推广能够持续有效地开展阅读推广活动，对阅读推广认证年限、聘期年限及开展阅读推广活动的最低次数要进行明确的规定，否则将取消阅读推广资格。

（四）评估机制

不管是什么机构或组织开展的任何类型的阅读推广项目，都应对阅读推广的效果进行相应的评估，这样才能使阅读推广事业健康持续地发展下去。当前我国图书馆阅读推广的阅读存在一个普遍的问题，只关注阅读推广活动的开展，不注重活动后取得的效果评价，即没有对活动的效果进行一个系统、科学和有效的评价。虽然目前有学者基于阅读推广活动开展了调查问卷的研究，并且提出了要建立相应的评价指标体系，但关于阅读推广评估研究还很欠缺。

阅读推广的评估机制要兼顾阅读推广对象和阅读推广两方面因素，建立多角度、多方位、多层次的指标评价体系。一是基于阅读推广对象的评价指标，如对推广读物的接受程度和喜好、阅读推广主题是否鲜明、推广读物的新颖程度、推荐的书目是否适合读者需要，以及读者与推广的互动程度、环境布置是否适合主题、服务是否满意等多方面去做一个客观的评价。二是基于阅读推广的评价指标，首先要区分志愿型阅读推广和专业型阅读推广，明确其不同的工作目标和职责范围，制定标准时，充分考虑其工作性质、工作内容、工作模式的差异性，制定不同的考核细则。此外，评估指标应该包括：阅读推广工作的态度（主动性、合作性、敬业精神、创造性）、推广能力（创新能力、策划能力和实施能力）、工作成绩（举办阅读推广活动的场数）等。采取定性与定量相结合的评估办法，即对阅读推广活动场数、活动参与人数、资源借阅量等进行量化评价，对推广能力、工作态度等进行非量化评价相结合的评价标准，以确保评估的实效性。

（五）激励机制

激励在中文中有两层意思，一是激发和鼓励，二是指斥责和训导。那么激励机制是指某个组织或者团体为了实现某一目标，应该提倡做什么，鼓励做什么，或者是反对做什么，抑制做什么，以及各种行为的奖罚制度，通过制定一套完整的规章制度，以及奖罚条例来规范组织内各岗位人员的管理系统框架。

目前，阅读推广员的构成以志愿者型居多，阅读推广员具有较强的奉献精神，但是奉献不等于他们不需要激励。在阅读推广队伍的管理中，激励机制同样起着重要作用。面对庞大的阅读推广队伍，首先要建立健全、合理的激励机制，可从以下三个方面着手：

一是建立精神激励制度。激励，首先是精神上的，分为内在激励与外在激励。内在激励来自他们从事的志愿服务本身，有情感激励法、榜样典型激励法、领导行为激励法等方法，比如志愿服务能够带给他们满足感和成就感，使他们觉得自己对别人是有用的。外在激励则是一种精神上的嘉奖，有奖惩罚激励法、荣誉激励法、培训激励法等方法，比如评选优秀志愿者、反馈服务对象的赞语、累积积分、颁发优秀志愿者证书等。

二是建立物质奖励制度。物质需要是人的第一需要，是人们从事一切社会活动的基础，只有按照工作绩效进行物质上的奖励，才能调动队伍成员的积极性，包括志愿型和非志愿型阅读推广员。适当的物质激励有助于提高阅读推广员的积极性，如提供交通费、工作餐、纪念品、奖券等，尽管物质奖励不是太丰厚，但却能激发阅读推广员的热情，使他们感觉到自己的工作被社会认可。但是所有的物质奖励不能采取平均分配，应将合理的考核制度和绩效制度相结合。

三是建立组织气氛奖励制度。一个令人愉快的工作氛围是一个高效率工作的重要因素，愉快而尊重的氛围对提高队伍的积极性起着重要的作用。组织气氛奖励制度是指在阅读推广队伍中创造出一种互助互爱、互尊互敬、协调一致、和谐融洽的组织气氛,以减少矛盾、减少冲突、缓解冲突、催人奋进、增强合作,达到队伍共同进步的目的,从而最大限度地调动队伍成员的积极性。[①]

[①] 刘纪刚.图书馆阅读推广理论与实践[M].北京:九州出版社,2019.

第六章　少儿智慧图书馆的阅读推广活动

第一节　少儿智慧图书馆阅读推广概述

一、智慧图书馆

智慧图书馆是人类社会发展进步的产物。早在19世纪中叶的时候，智慧图书馆就相继在英国和美国出现。我国2018年实施的《中华人民共和国公共图书馆法》指出，"智慧图书馆是指向社会公众免费开放，收集、整理、保存文献信息并提供查询、借阅及相关服务，开展社会教育的公共文化设施"。智慧图书馆的服务对象全社会所有的普通居民，包括儿童、学生、工人、老年人等，是社会主义服务体系的重要组成部分。区别于其他类型的图书馆，智慧图书馆的经费直接来源于国家财政和地方财政拨款，其主要活动内容及受众群体范围具有普遍性、广泛性，是群众进行图书借阅、信息资源查询、休闲和学习等的重要场所。另外，我国《中华人民共和国公共图书馆法》明确规定，作为国家和地方文化事业不可或缺的智慧图书馆，包括各地地方政府管辖的省级、县级的图书馆，应当坚持政府主导，鼓励社会参与智慧图书馆建设。

二、智慧图书馆在全民阅读推广中的角色

智慧图书馆承载着知识传承、文化教育、提升全民素质的使命。全民阅读推广是智慧图书馆的重要责任，也是其服务的核心之一。

（一）智慧图书馆是全民阅读推广的承担者

1. 阅读推广资源的丰富化

智慧图书馆拥有大量的阅读资源，秉承平等、免费的理念向用户开放。近十年来，阅读推广在我国逐渐得到重视，各级政府加大了对智慧图书馆的公共设施建设，馆藏资源经费充裕，优秀读物供应及时，为用户阅读提供了有力支持。同时，智慧图书馆电子资源充裕，多种载体的阅读资源为智慧图书馆开展全民阅读推广提供了保障。

2. 服务网络覆盖的全面化

智慧图书馆通过国家、省、市、区（县）的四级服务网络，满足了用户阅读需求，缩小了各区域间阅读差距；在发达的城市街区建有市、区、街道、社区馆，有的区域还有流动书车、24小时自助借还阅览区，使阅读服务的网络星罗棋布，为用户提供了方便获取阅读资源的硬件设施。

3. 阅读场所设施的专业化

智慧图书馆拥有宽敞、专业的阅览区，能为读者提供舒适、休闲的阅览座位，图书馆成为市民阅读、休闲的日常场所。以广州市为例，截至2016年，全市区智慧图书馆的建筑面积总计27.32万平方米（数据不包含辖区内的省级、街镇以下图书馆），每年接待读者近千万人次。

（二）智慧图书馆是全民阅读推广的实施者

1. 阅读权利的全民保障

《公共图书馆宣言》中明确指出："公共图书馆在平等的基础上对所有人，不论年龄、种族、性别、宗教、国籍、语言和社会地位，提供服务，即对全民开放。"智慧图书馆承载着全民阅读的责任，保障全民阅读权利的均等性，让每位读者都公平享有使用图书馆资源的权益。

2. 阅读社会的全民共建

智慧图书馆担负着社会教育，提升全民文化素质的职能，其在普及全民阅读理念、建立阅读社会、倡导全民阅读中具有重要的作用。智慧图书馆营造了人人阅读的社会氛围，推进了全民终身学习的进程，使阅读社会的全民共建得以实现，是全民阅读推广的实施者。

三、智慧图书馆全民阅读推广活动策略

（一）结合社会资源，完善阅读平台结构

智慧图书馆是面向大众的、公益性的文化服务机构，主要由地方政府的公共财政支持，对其资金投入也随着国家经济的发展逐步增多，开馆的条件也逐步改善。但是全民阅读推广活动需要在馆内进行组织和引导，需要投入更多的资金和人力，因此，图书馆就需要寻求更多的社会资金，如加强与各企业、慈善基金等

的联系,可以帮助企业进行宣传等,用双方共赢的方式募集资金。图书馆不仅为人们提供资源服务,同时也为人们交流提供机会,因此,为了更好地推广全民阅读活动,应不断加强自身建设,依据地方人们实际文化水平和需求,建立具有针对性的图书馆。同时,区域内的各级图书馆也应加强系统文化建设,不断完善阅读平台结构,便于满足不同层次民众的阅读需求。

(二)加强图书馆间的联系,扩展阅读范围

不同区域内的图书馆,无论是人流量还是阅读资源上都存在一定的差异性,每个图书馆都有自身的经验手段,因此,加强图书馆之间的联系,不仅能实现阅读管理经验、优秀制度上的资源共享,还能为全民阅读推广活动的顺利开展提供保障。智慧图书馆具有公益性特点,面向的是所有大众群体,为了拓展服务范围,图书馆可以在医院、监狱等开展阅读活动,提供阅读服务指导,培养他们的阅读兴趣。同时,还应提供志愿服务,保证少年儿童、残障人士以及社会中的弱势群体的阅读权利。加强图书馆的无障碍开放,是图书馆践行阅读公平性的表现,也是尊重公民阅读权的体现。《公共图书馆宣言》中写道:"公共图书馆是各地的信息中心,用户可以随时得到各种信息和知识,公共图书馆应不分年龄、种族、性别、社会地位等,面向所有群体提供平等服务"。志愿服务的提供有效地拓宽了图书馆服务的深度。

(三)创新全民阅读服务方式

在社会经济以及科学技术的不断发展下,智慧图书馆全民阅读推广活动的形式也应不断创新发展。首先,开展经典代读服务,经典藏书的阅读人大多是研究学者和兴趣爱好人,交流范围以及地点都有一定的局限性。因此,智慧图书馆可以发挥自身优势去传播文化,联合媒体与学者开展经典代读活动,为民众对经典阅读从代读更好地过渡到自主阅读发挥促进作用。其次,提供阅读咨询服务,智慧图书馆内有着较为丰富的资源,读者在选择阅读时会缺乏针对性,因此,图书馆可以培养具有较强观察能力、交流能力的人员,在全面了解和掌握馆内资源的基础上,能够根据读者的需求为其推荐合适的读物。最后,为了满足上班族、老年人群体的需要,智慧图书馆可以在区域内设立流动图书馆、农家书屋等,为城乡阅读提供更加便捷的基础条件。

(四)运用现代科技手段进行全民阅读推广

充分发挥出现代科技手段的作用,不断地完善阅读活动的调查,提升推广活动的效果。借助微信、微博等平台,展示和介绍智慧图书馆的功能服务等,让更多的群体去了解和认同图书馆,提高全民阅读推广的有效性;在开展阅读活动时,应深入调查阅读对象、阅读方式及阅读内容,根据调研数据展开推广活动,将权

威的调查数据和评估数据展示给公众，使更多的人了解阅读的重要性，进而使更多的人参与到全民阅读推广活动当中。

阅读是一个国家软实力的重要体现，全民阅读活动是提高国民道德素质、知识内涵的重要手段。智慧图书馆是传承文化的载体，在互联网信息时代，人们的阅读发生了多种形式的变化，智慧图书馆如何满足读者的需求是当前急需解决的问题。在全民阅读推广活动中，应积极做好宣传工作，争取更多的资源支持，不断地完善和拓展阅读推广活动的形式，满足当下国民阅读的需求。只有真正地实现了全民阅读，才能更好地提升国民的文化素养，才能提升国家的国际竞争力。

第二节　少儿智慧图书馆儿童阅读推广活动研究

近年来，我国智慧图书馆开展儿童阅读推广活动形式多样，涵盖故事会、亲子阅读、比赛活动等，各地如火如荼地开展阅读推广工作。智慧图书馆作为基础文化服务体系的组成部分，开展儿童阅读推广活动是使命也是职责。

一、儿童阅读推广活动

在不同的国家、不同的领域对儿童的定义有着不同的界定。1969年美国图书馆协会颁布的《公共图书馆儿童服务标准》将儿童的年龄界限划定为0~13岁。英国在1997年出版的《儿童和青少年：图书馆协会发布的公共图书馆服务指南》中明确规定：儿童是以12岁为界限与青少年进行划分，0~12岁的孩子为儿童。

儿童阅读推广活动是智慧图书馆与社会各级机构组织合力，通过提供丰富的阅读资源和良好的阅读环境，运用阅读指导和鼓励阅读分享等阅读推广形式，以促进儿童阅读水平和阅读能力的提升的活动。

二、智慧图书馆儿童阅读推广活动的必要性

开展儿童阅读活动不仅可以激发儿童的脑力与语言发展，开启儿童的想象力和创造力，促进儿童的思维能力、视觉能力和听觉能力的发展，还可以增进成人与儿童之间的情感交流，进而促进儿童心理良好的发展。儿童阅读作为全民阅读的重要组成部分，儿童阅读推广活动势在必行。作为儿童教育的第二课堂的智慧图书馆，开展儿童阅读推广活动，有其客观现实的必要性。

（一）我国儿童阅读现状的现实需求

当前，我国在儿童阅读方面发展缓慢，不仅阅读人群数量少，而且儿童课外阅读量不够。究其原因，主要是我国儿童阅读氛围不够，家长对儿童阅读的重视

度不够，以至于家庭藏书状况不佳，家庭阅读环境缺乏儿童气息，在一定程度上都影响了儿童的阅读兴趣。1994年，联合国教科文组织颁布的《公共图书馆宣言》指出，公共图书馆的使命包括"从小培养和加强儿童的阅读习惯，激发儿童的想象力和创造力，支持和参与各年龄段群体的识字活动和计划，在必要时组织发起此类活动"。因此，通过智慧图书馆开展儿童阅读推广活动，不但弥补了家庭阅读的缺失和家庭阅读教育存在的不足，还延伸和继续了学校的教育，是实施素质教育的重要场所，也应该成为儿童阅读推广的重要阵地。

（二）儿童阅读推广活动是智慧图书馆发展的必然趋势

儿童不仅是智慧图书馆现在和未来的读者，更是长久的读者，而培养人阅读习惯的最佳时机就是儿童时期。如果从儿童期就养成了良好的阅读习惯，就能终其一生轻松阅读并从中找到乐趣，因而爱上阅读。因此，智慧图书馆要想推广全民阅读，打造书香型社会，首先从儿童阅读推广作为切入点，重点培养儿童的阅读兴趣和提高儿童的阅读能力，从而实现全民阅读的目标。大力发展儿童阅读推广活动，不但可以为全民阅读推广活动奠定基础，也是智慧图书馆开展全民阅读推广活动的突破口。

智慧图书馆在美国有着双重身份，既为公民提供阅读服务，也为儿童教育提供服务，而且还是儿童教育的一个重要环节。因此，几乎每个智慧图书馆都会专门设置有家庭作业指导，在线的或者馆内的课后协助项目，为学校提供帮助。同时，各智慧图书馆会举办形式多样、内容丰富的儿童阅读推广活动。儿童阅读推广活动是一项长期复杂的工程，涉及儿童发展心理特征、儿童教育、儿童阅读推广对象等因素和内容，智慧图书馆在推广儿童阅读活动时，应在科学理论的指导和优秀案例的示范带动下，结合自身的实际条件，开展适合本馆的儿童阅读推广活动，促进实现儿童阅读推广的目标。

三、儿童阅读推广活动的特点

（一）社会性

智慧图书馆阅读推广活动是系统性的社会化工程。仅依靠图书馆的自身力量开展阅读活动是无法满足儿童日益增加的阅读需求的。只有将儿童阅读推广活动放置在社会环境中，并充分考虑儿童阅读兴趣和阅读现状等微观因素，家庭成员和家庭环境等中观因素，文化、制度和习俗等宏观因素，才能使智慧图书馆儿童阅读推广活动更好地展开，提供契合儿童阅读需求的多样化推广活动。

（二）持久性

儿童阅读推广活动本身是培养儿童的阅读习惯和阅读方式的一项长期、逐步深入的系统性工程,注重的是阅读推广活动开展的持久性。现阶段不少智慧图书馆通过提升阅读推广的工作业绩以应付评估工作,或是为参评阅读推广大赛,推出创新性、话题性极强的儿童阅读推广活动,但这些都是昙花一现,没有将一项儿童阅读推广活动持续开展,对儿童的阅读效果影响有限。所以说,突击性、临时性的阅读推广活动不可取。

(三) 悦读性

悦读指的是快乐阅读,儿童在阅读推广活动中释放天性、体会阅读乐趣、享受阅读。儿童阅读推广活动不是教育儿童如何识字,如何提高学习成绩,而是让儿童勤于阅读、乐于阅读和善于阅读,并激发儿童的阅读兴趣、培养儿童的阅读习惯。通过儿童阅读推广活动提供深度的阅读指导,让儿童从被动阅读转变为主动阅读,从浏览式阅读转变为思考式阅读。

(四) 情景性

儿童阅读推广活动是符合儿童的好奇心,满足儿童的探究能力,融合视听、手工等多种方式的阅读活动。在绘本阅读中,以读物提供的情景为载体,开展绘本剧表演、手工制作和故事续写活动,帮助儿童更好地理解故事内容、体会故事情感,在情景中感悟阅读乐趣。

(五) 多元性

儿童阅读推广活动的多元性体现在阅读材料和阅读活动形式上。阅读材料主要是纸质阅读资源和数字化阅读资源两种形式。纸质阅读资源是以纸质图书为载体进行阅读,使儿童感受到阅读的温度。数字化阅读资源是随着网络和新媒体的产生而受到广泛关注的阅读资源,图书馆数字资源包括电子书、电影、音乐、游戏和在线课程等。阅读活动形式主要涵盖视、听、说、做等方式。

四、智慧图书馆儿童阅读推广案例分析

(一) 以"故事会"为主题

"故事会"是以讲故事的形式推广儿童阅读,已成为我国多数智慧图书馆进行儿童阅读推广服务的主要方式之一。

表6-1 以"故事会"为主题的活动

活动名称	举办方式	举办时间	面向对象	举办方
"七色花亲子故事会"	本馆专员或馆外人员	每月举办两次	3~8岁儿童	河南省图书馆

续表

活动名称	举办方式	举办时间	面向对象	举办方
"低幼悦读会"	本馆专员	每周五下午三点	3~6岁儿童	国家图书馆少年儿童馆
"周末故事会"	本馆专员	每月举办四次	5~10岁儿童	国家图书馆少年儿童馆

"故事会"的主要举办方式大多是"一对多"的形式，即一个馆员或者是馆外人员面对多个小读者，为他们阅读图书。举办时间虽然不尽相同，但都保持在平均每月两次以上。例如，河南省图书馆的"七色花亲子故事会"为培养儿童早期良好的阅读习惯，丰富他们的暑期生活，邀请郑州人民广播电台城市88.9频道的少儿节目《小铃铛》主持人吴桦走进河南省图书馆少儿阅读中心，为小朋友们举办了一场精彩的故事盛宴。根据年龄进行分级阅读最早是由欧美国家提出的，图书馆根据读者的年龄和认知能力，提供符合其身心发展的图书，不仅能吸引读者，而且可以培养其阅读兴趣。

（二）以"读书积分"为主题

阅读积分制就是按照一定的标准，把读者的各种阅读行为都量化为积分来进行记录的方式，是各大图书馆为了推广儿童长期阅读而举办的主要活动方式之一。

表5-6 以"读书积分"为主题的活动

活动名称	举办时间	举办方
"七彩悦读成长"计划	2013年	首都图书馆少儿馆
"读者成长"计划	2014年	温州市少年儿童图书馆
"少儿智慧银行"计划	2015年	深圳图书馆

由表5-2可以看出，该类活动无年龄限制，一般以未成年读者为主；活动周期较长，通过不同的活动，以活动完成量获取积分，取得名次并给予荣誉称号等奖励。例如，2015年深圳图书馆推出了"少儿智慧银行"计划，鼓励少儿读者通过阅读行为累积自己的智慧财富，激发阅读兴趣，提高阅读能力，培养良好的阅读习惯。该项活动是为了鼓励儿童阅读的长效性，通过一些奖励使儿童养成长期阅读的好习惯。儿童的身心尚处在发展阶段，具有不稳定等特质，积分活动正是根据儿童的此项特质开展的。有的研究者认为，"阅读积分制"体现了"以读者为本"的原则，具有优越性，以提高读者的道德标准和文明程度为目的，也激励了少年儿童图书馆开展延伸服务，强化了文化服务功能。深圳图书馆、温州市少年儿童图书馆等将积分制引入图书馆的读者服务管理当中，不仅激发了读者的阅读兴趣和参加阅读活动的积极性，也培养了他们良好的阅读习惯。

（三）以"图书漂流"为主题

图书漂流活动是我国智慧图书馆进行少儿阅读推广的主要活动之一。该项活动既突破了传统图书馆借阅图书的局限性，又使图书处于一种流动状态。大部分的图书漂流活动都是与学校合作开展的，尤其是面向一些贫困地区的学校，使图书漂流到资源匮乏的地方，让当地的学生有机会阅读到大量、丰富的图书，并交流读书心得，由此提高图书的利用率，培养他们良好的阅读习惯和自主学习能力。

（四）以"小图书管理员职业体验活动"为主题

小图书管理员职业体验活动是让读者通过角色扮演，体验图书管理员的日常工作，使他们对图书馆的工作有更深刻的了解，对图书的认识更加专业化。少年儿童具有活泼好动的特性，他们的感知主要通过体验来加深。小图书管理员职业体验活动正是让读者亲身体验，通过参与图书馆工作流程和图书馆工作实践，让孩子们真正了解图书馆，学会利用图书馆馆藏资源，并学会使用网络和数字图书馆查找资料。该项活动一般会在寒暑假举办，使读者有充分的时间参与活动，同时该活动本身寓教于乐，深受小读者们的欢迎。

五、儿童阅读推广活动优化对策

（一）多元主体协同

智慧图书馆阅读推广工作是系统性的社会化工程，仅依靠图书馆的力量开展阅读推广活动是无法满足儿童日益增加的阅读需求，必须整合社会力量和资源，形成以智慧图书馆为中心，与学校、社区协同开展儿童阅读推广活动。

1. 学校阅读推广活动

目前，智慧图书馆与学校的合作是在图书室的建设、图书借阅服务和流动图书车的进驻这三方面，合作开展儿童阅读推广活动的经验尚浅。学校阅读推广活动应从智慧图书馆、教育主管部门和教师的角度探讨。

首先，智慧图书馆重视与教育主管部门之间的沟通，以阅读活动有利于学习的研究成果帮助教育主管部门认识到开展学校阅读推广活动的重要性和必要性。教育主管部门整体规划学校课程设置，鼓励各学校将智慧图书馆作为第二课堂，将阅读活动课程作为必修课程的一部分。其次，重视与教师的配合。教师在儿童的心中具有权威性，通过教师布置阅读活动任务，可以保证阅读活动的质量，增加儿童的阅读时间。教师的阅读引导是格外重要的，教师可以根据儿童的阅读状态、学习情况，有针对性地提供阅读指导和阅读书目推荐。最后，智慧图书馆提供人力、物力的支持，帮助学校设立读书兴趣小组和图书漂流站。学校和教师鼓励儿童在寒暑假、课间休息参与讲故事、读书会等阅读成果分享活动，提高儿童的阅读能力和阅读素养。图书馆提供儿童集体参观图书馆、参加阅读推广活动的机会，帮助儿童尽早建立图书馆意识、培养阅读习惯。

智慧图书馆儿童阅读推广活动与学校教育是相辅相成的，通过阅读推广活动，儿童既能体会到阅读的乐趣，又能提高学习能力。学校阅读推广活动是实现儿童个性化阅读的有效途径。

2. 社区阅读推广活动

与学校阅读推广活动相比，社区开展阅读活动的时间和场所更随意，儿童阅读氛围也更轻松。放学后和周末是开展社区阅读推广活动的最佳选择，可以与学校阅读活动完美衔接。社区作为家庭的集合，社区阅读推广活动解决儿童放学后家长下班前的学习和安全问题，打造一个不走出社区就可以享受阅读的空间。首先是在智慧图书馆的帮助下，完善社区阅读点、图书阅览室和图书角的建立工作，保证阅读推广活动的阅读资源。其次是组建社区阅读推广活动服务队伍，以有文化专长的社区居民和有志愿服务意向的学生为主体，由智慧图书馆提供阅读活动志愿者的培训工作。再者开展自下而上的社区阅读推广活动，社区阅读推广活动是一个自由的分享空间，儿童可以随时随地反馈阅读喜好，展现阅读需求。活动组织者根据儿童阅读活动需求精心策划各项主题活动，通过社区宣传栏发布通知，提醒儿童参与社区阅读推广活动。

社区阅读推广活动不仅是促进阅读这么简单，更是社区文化治理的一部分。通过阅读活动将社区居民聚集起来，用阅读拉近邻里关系，增强社区凝聚力。

（二）家庭阅读推广

家庭在阅读推广活动中扮演着重要角色，既是阅读推广活动的场所，又是阅读推广活动的实施者。当前，家庭对儿童阅读愈加重视。父母通过与孩子共享同一本书、推荐图书或与孩子谈论阅读经历来传递阅读价值，建立积极的阅读行为，家庭阅读推广的成效决定儿童的阅读态度。儿童会模仿父母的"正确"行为，如果父母阅读书籍并喜欢阅读，就会为孩子提供一个"良好"的例子，儿童也会爱上书籍，并获得阅读的乐趣。

提升家庭阅读推广的影响力主要在于提高家庭的阅读意识、提供阅读资源和指导家庭进行亲子阅读。首先，帮助家庭提高阅读意识。对于阅读，少数家长会有抵触情绪或者并不情愿，说服家长是十分必要的。通过两个角度提升家长的阅读意识，一是智慧图书馆积极宣传，在民政部门、医院等场所，利用多种渠道和媒体资源，以新闻、动画和视频等多种形式向家长介绍阅读的价值；二是智慧图书馆馆员走进企事业单位、工厂等工作场所，为家长介绍家庭阅读文化的重要性，劝诫家长在孩子面前减少手机等电子设备的浏览，与孩子多些语言交流，通过亲子互动共同构建良好的读书氛围。其次，由智慧图书馆、出版机构提供阅读资源，借鉴国外"阅读礼包"的经验，为家庭赠送与儿童阅读需求相符合的图书。最后，智慧图书馆创建适合父母与孩子共读的空间。通过定期开设针对家长的阅读指导类活动，帮助家长获取指导儿童阅读的方式以及陪伴儿童阅读的方法，形成良好的家庭阅读氛围。借助家长的榜样力量，培养儿童从被动阅读转变为主动阅读，主动阅读并不是从不读书到读书或少读书到多读书的转变，而是从浏览式阅读到思考式阅读的转变。

家庭阅读推广是将家文化放在阅读推广活动的主要地位，通过社会、家长与儿童的共同努力构建家庭阅读文化。有家才有国，以家庭阅读推广为基础，形成全民阅读的好风尚。

（三）分级阅读细化

如今我国尚未有统一、广泛使用的分级阅读标准，分级阅读标准是开展儿童阅读推广活动的基础和准则。智慧图书馆开展分级阅读，可以借鉴国外已被验证的分级阅读体系，根据其涵盖的因素和构建原则，结合本馆服务对象阅读需求，将阅读推广活动与儿童的阅读能力、阅读兴趣和阅读动机相融合，为儿童提供阅读分享平台。

儿童阅读活动内容需求集中在科普知识与传统文化这两方面，以儿童阅读活动内容需求为导向，开展细化分级阅读十分必要。科普知识与传统文化的分级阅读划分应以儿童的生理和心理状态为依据。针对尚未识字的低龄儿童，提供内容简洁明了的绘本阅读，通过馆员的口述介绍科普信息，以观看舞台剧、视频播放的方式帮助儿童了解传统文化，使儿童身临其境感受科普知识与传统文化的魅力；针对有一定阅读基础的儿童，提供专业性稍强的科普读物和历史书籍，通过实践性操作和分享历史故事，加深对阅读内容的理解，培养儿童的缜密思维和民族自豪感；针对积累了大量科普知识和喜爱传统文化的儿童，鼓励他们成为阅读推广活动的主讲人，注重将儿童所掌握的知识进行应用，分享阅读成果。智慧图书馆应该设立经典读物和科普读物的专属书架，为儿童推荐符合其阅读特点的图书目录，以供儿童借阅。通过分级阅读，从关注儿童的阅读量到提高儿童阅读能力的转变，以帮助儿童愉快阅读。

（四）特色服务创建

特色服务创建主要是通过多样化的宣传方式提高图书馆的社会地位和知名度、树立图书馆阅读推广品牌形象，可以影响更多的儿童参与到图书馆阅读活动中来。

受传统观念影响，不少人依然认为智慧图书馆仅仅是看书、借阅图书的场所。对图书馆的教育功能、社会功能和开展的儿童阅读推广活动知之甚少。智慧图书馆应该从两个方面提升自身形象，一是加强儿童阅读推广活动的深度和广度宣传；二是建设儿童阅读推广活动品牌，深化特色服务。智慧图书馆儿童阅读推广活动应继续保持以图书馆官方网站、微信公众号、微博和媒体报道等方式进行宣传，重视与社区、电视、电台建立合作关系，通过粘贴活动通知、电视节目、广播实时播报活动信息、在人口密集地区发放宣传资料，努力做到与儿童及家长的阅读推广宣传方式需求相一致，实现宣传方式的广泛性；智慧图书馆通过刊发馆刊的方式，记录各项儿童阅读推广活动的开展情况，并开展24小时在线阅读指导服务。采用人工与自动回复相结合的方式，分析并解决家庭阅读过程中出现的问题，对亲子阅读给予恰当的指导，深度宣传儿童阅读推广活动。在宣传内容上，不仅要有各项阅读活动的具体信息，还应包括如何帮助儿童阅读的指导方法、与阅读活动相适应的图书信息。

智慧图书馆需要将品牌意识渗透到儿童阅读推广活动的各个环节，用心设计，做到精益求精。通过细分儿童用户、开展具有针对性的阅读推广活动，以征集阅读活动标语、活动吉祥物和活动主题音乐的方式，增加与儿童家长的交流机会，掌握其对阅读推广活动的需求，并通过发放阅读活动的纪念品以强化阅读推广活动品牌。智慧图书馆阅读推广活动的品牌打造应从小做起，慢慢发展，但需要长时间、持续性地开展同一阅读推广活动，只有把一项阅读推广活动长期坚持下去，才能吸引儿童广泛关注，形成特色服务。

（五）阅读推广人才培养

智慧图书馆儿童阅读推广活动的开展依赖于基础设施的完善、阅读推广人的智慧。

智慧图书馆必须保证纸质馆藏的数量，图书的选择应与国际图联《儿童图书馆服务发展指南》制定标准相一致，注重高质量、适合于儿童所处的年龄阶段、具有时效性和准确性、能反映各种价值观、城市文化和世界文化。同时配备种类多样的数字资源，并且整合合作图书馆的阅读推广网络资源，对本馆的阅读推广数字资源进行补充和拓展。在阅读推广活动面向对象是年龄较小的儿童时，其对文字及图画不是很敏感，智慧图书馆可以通过提供视听资源帮助其构建阅读环境。为缓解家庭藏书量过少，无法满足儿童的阅读需求这一现象，智慧图书馆在不侵犯知识产权的前提下，向家长及儿童提供复印、打印图书资源的设备及场所。将智慧图书馆官网资源对所有访问者开放，取消权限设置，保证访问者随时随地访问和使用。图书馆不仅要拥有丰富的馆藏，还必须懂得如何利用资源服务儿童，这就说明阅读推广人是尤为重要的。

阅读推广人是智慧图书馆儿童阅读推广活动质量和水平的一面镜子，必须加强阅读推广人队伍的建设。华东师范大学范并思教授曾说，阅读推广人往往带有"自封"性质，缺乏阅读推广的基础知识与专业能力。所以，规范阅读推广人的培养是急需解决的问题。智慧图书馆培养儿童阅读推广人有两种路径，通过招聘具有儿童教育学和儿童心理学专业背景的新馆员和培训现有馆员以提升其阅读推广意识。

通过外部干预的方式提升现有馆员的能力素质。一是"走出去"，选送更多的馆员参加中国图书馆学会举办的阅读推广人培训班，通过对阅读推广活动流程的系统学习，提高馆员的阅读推广意识。二是"引进来"，通过邀请国内外学者、图书馆人士以讲座、研讨会的方式传授阅读推广理念、讲解真实阅读活动案例，并将会议内容公布在图书馆的首页或者刊行发表，扩大对馆员的影响范围。同时，馆员要具备学习和研究能力，主动培养多元化的阅读兴趣，形成对儿童读物的鉴别能力与欣赏素养。在工作中时刻保持职业素养和职业意识，面对儿童及家长充满激情与活力，要蹲下来与儿童互动、交流，帮助儿童形成良好的阅读习惯。

（六）评估机制建设

现阶段，阅读推广活动的效果评估主要以读者满意度调查的形式进行，如邯郸市图书馆阅读推广活动开始前发放意见卡，活动结束后回收并进行意见统计，实时反馈阅读推广活动中的困难和问题；秦皇岛市图书馆以微信交流群作为阅读推广活动的评价渠道；长春市图书馆以儿童的报名情况确定儿童对前期阅读推广活动的满意度，对阅读推广活动后期影响没有做过深入调查研究。

评估工作既是儿童阅读推广活动的总结，又是下一阶段阅读推广活动的开端，完善智慧图书馆儿童阅读推广活动效果评估机制是当务之急。活动效果评估机制应由国家和智慧图书馆共同创建与实施。一是在国家层面，设立专门的阅读推广活动评估小组。每年定期开展全国性的智慧图书馆儿童阅读推广活动调研，对儿童阅读推广活动的参与者、志愿者和活动设计的馆员进行追踪调查，形成年度报告，并通过固定网站定时向社会公布，方便社会监督。通过对评估结果的集中公开，使家长及儿童对阅读推广活动更加了解，有助于他们选择性地参加各类阅读推广活动。二是智慧图书馆根据自身实际情况建立活动效果方案，主要集中对三个方面进行考察和评价。首先，考察活动的举办情况，评估活动是否与儿童阅读需求相一致、阅读推广活动内容是否丰富、形式是否多样及各项儿童阅读推广活动的参与情况。其次，考察媒体、家长、儿童等社会人士对儿童阅读推广活动的看法和评价，确定哪些阅读推广活动应该继续坚持、哪些应该不断完善或者取消。最后，考察活动是否对儿童的阅读兴趣产生影响，是否吸引了更多的儿童走进智慧图书馆。智慧图书馆需要"走出去"，深入儿童及家长中间，广泛听取他们的阅读推广活动需求和意见。

第三节 智慧图书馆青少年阅读推广活动研究

随着现代化社会的迅速发展,"互联网+"与时俱进,人们的生活节奏猛然增快,使得青少年阅读推广工作的开展面临着巨大的困难。对此,智慧图书馆必须迎难而上,重视推广工作的开展,不断创新推广内容与形式,促使青少年养成良好的阅读习惯,循序渐进地提升他们的文化素养。

一、智慧图书馆开展青少年阅读推广活动的意义

首先,在新的历史时期,倡导全民阅读,是重振中华文化,实现强国梦的重要内容,也是构建书香社会的基本要求。教育家苏霍姆林斯基说过,学生的智力发展取决于良好的阅读能力。智慧图书馆作为重要的社会公益文化教育机构,是书香社会建设的重要阵地,理所当然应承担起阅读推广的重担,为书香社会添砖加瓦。

其次,阅读是青少年获取知识信息的重要方式。书籍是传递知识、增长见识的平台。阅读书籍是最直接有效获得知识的方式,特别是对青少年来说,由于知识和经验缺乏,他们只有通过阅读和大量的知识累积,才能与时俱进,开拓创新、阅读能让青少年洗涤心灵,为他们将来适应急剧变革的社会打下良好基础。

最后,阅读是青少年树立世界观、人生观和价值观的重要途径。约翰·卢保克在《读书的乐趣》中曾写道:"书籍为我们建起一座完整的、光怪陆离的思想之宫。"书籍在我们日常生活中所赋予我们的规劝和慰藉,质同金玉,价值无量。青少年处于身心发展的敏感叛逆期,其心理的发展具有成熟和幼稚、独立和依赖、自觉和盲动等诸多矛盾并存的特点,易产生各种各样的心理和行为问题。科学有效的阅读不仅能帮助青少年观察和认识世界,帮助青少年净化心灵和陶冶情操,还可以潜移默化地帮助青少年树立正确的人生观、价值观。

二、当前青少年阅读的现状分析

(一)阅读随意性较大,科学阅读指导缺位

第十六次全国国民阅读调查显示,9~13周岁少年儿童图书阅读率为96.3%,14~17周岁青少年图书阅读率为86.4%,但在青少年读书倾向调查中发现,青少年主要倾向于选择小说、漫画类读物,家长却对这两种读物很排斥。青少年群体中大部分没有个人的读书计划,而是依据兴趣阅读图书,极具随意性。因此,青少

年科学阅读指导存在缺位。

（二）课外阅读时间不足，阅读的功利性增强

我国青少年普遍面临课后作业繁多、学习压力大的现状，加之课外兴趣班等，学生真正剩余的可利用的阅读时间十分有限，青少年为应试而"阅读"的成分偏大，功利性阅读动机越来越明显。这种功利性阅读忽视了阅读的本质，不利于青少年自身素质的提高。

（三）阅读方式占比失调，传统阅读面临挑战

随着互联网的发展以及智能电子设备的普及，数字阅读成为青少年首选的阅读方式，传统纸质阅读已受冷落。网络阅读常常是碎片化、快餐式地阅读，这种"走马观花"式的阅读方式，不能让青少年静下心来精细阅读，削弱了阅读的自主性。在网络阅读时，青少年往往会受不良信息影响，严重情况下还会歪曲青少年的价值取向。

（四）智慧图书馆资源紧张，造成图书阅读资源分配不均

据统计，中国平均每46万人口才拥有一家智慧图书馆，全国人均拥有智慧图书馆藏书仅为0.27册。从数字上来看，图书馆人均拥有率仍然偏低。再加上由于城乡地域差异，农村偏远贫困地区很少能享受到，而且馆藏的书籍中满足青少年阅读的书籍数量偏少。少数乡镇图书分馆也存在着"有馆无藏"或者馆藏不合理的现象。

三、青少年阅读推广策略探析

（一）智慧图书馆可设置专职负责阅读推广馆员

智慧图书馆可成立阅读推广部，招聘专职阅读推广员来引导青少年科学阅读。推广部要合理选聘成员，其成员必须热爱阅读，乐意且有合适的专业技能从事阅读推广工作。

（二）根据馆藏资源创新青少年阅读推广方式

1. 创新书籍推荐方式

为使青少年读者尽快了解图书馆新进图书，充分利用馆藏图书资源，图书馆应积极开展新书推荐活动。智慧图书馆可以通过设置新书推荐宣传栏、设置专门的新书书架、策划新书展等方式来向青少年推荐新书。当前互联网快速发展，可以通过微信公众号、朋友圈等向青少年推荐有利于青少年发展的新书、好书，以此来达到阅读推广的效果。

2. 创新阅读引导方式

中国阅读学研究会会长徐雁教授强调"在成人过程中成才，在成长进程中成

才"，他始终强调对阅读人群细分的理念。青少年处在成人进程中的关键节点，是一个个性鲜明的群体，图书馆人可根据青少年的兴趣和性格特点，以性格阅读倾向的不同为依据，对青少年进行差异阅读引导，实现"为书找人，为人找书"。同时也可根据家长期待值差异进行分类引导。在图书排架上，可按照青少年性格阅读倾向差异设置特色的阅读读物专区。

（三）开展多元化的互动阅读推广活动

第一，智慧图书馆应根据青少年的身心发展特点，开展形式多样的阅读推广活动。例如，结合"少年强中国梦"主题活动，开展爱国教育读书交流会、爱国角色扮演读书会、爱国知识有奖竞赛、爱国主题征文、爱国主题摄影展等活动。图书馆也可联合学校开展"今天我荐书""我是图书管理员"等社会实践活动鼓励青少年参与阅读推广活动。阅读对于青少年来说，不应该是一个单向的阅读过程，更多的应该成为一种双向的互动。

第二，智慧图书馆可以开设亲子共读体验区，父母以身作则参与阅读，不仅能够鼓励孩子养成良好的阅读习惯，也能帮助家长更好地了解孩子的阅读爱好，从而引导孩子正确地选取合适的书籍。

（四）推动阅读推广活动入驻校园

基于图书资源分配不均的现状，智慧图书馆可开展"送书进校园"活动把书送到学校，特别是农村偏远山区的学校。在学校或班级设立图书角，开展图书漂流瓶等活动引导青少年养成阅读习惯；作为图书馆人应该努力使公共图书资源均等化，最大限度地让更多的孩子享受到阅读的乐趣。

（五）理性看待数字阅读，加强互联网的利用

数字阅读时代的来临无可争议，而作为有机生长体的图书馆，在坚持倡导以传统纸质阅读为主的同时，必须适时跟上数字化变革的潮流，充分利用新兴的数字化技术，升级改造图书馆的馆舍设备，为数字阅读提供良好的条件。

目前，人们的生活对网络的依赖程度越来越高，而青少年已然成为网络的最大利用群体，因此，图书馆要加强对网络的利用，这样才能提高开展青少年阅读推广的效率。第一，净化网络环境。图书馆要积极引导青少年绿色上网，并与相关部门进行合作，加强对网络上不良信息的净化。第二，为青少年提供更加和谐的网络服务。为提高绿色上网质量，图书馆要研发出一款绿色上网网址，并将网址设置在桌面上供青少年随时进行浏览阅读。第三，进行网络教育。图书馆要在线上开展丰富的网络教育课，并不断优化内容，激发青少年的学习兴趣。同时在线下与线上积极开展丰富的体验活动，提升青少年的阅读兴趣，进而提高图书馆图书资源的利用率。

参考文献

[1]刘纪刚.图书馆阅读推广理论与实践[M].北京:九州出版社,2019.
[2]王余光.图书馆阅读推广研究[M].北京:朝华出版社,2015.
[3]王双.少儿图书馆阅读指导及推广[M].北京:光明日报出版社,2016.
[4]孙威.少儿图书馆理论与实践[M].长春:吉林科学技术出版社,2019.
[5]沈建勤.少儿图书馆建设理论与实践[M].南京:东南大学出版社,2013.
[6]崔玉兰,金文玉.少儿图书论坛[M].延吉:延边大学出版社,2009.
[7]薄楠.图书馆少儿阅读理论与实践研究[M].天津:天津科学技术出版社,2017.
[8]黄洁,陈慧娜.我国少儿图书馆研究[M].北京:国家图书馆出版社,2019.
[9]周虹利.新时代图书馆少儿服务创新研究[M].沈阳:辽海出版社,2020.
[10]刘红.亲子共读分享快乐全国图书馆阅读推广优秀案例[M].北京:国家图书馆出版社,2014.
[11]郑之敏.少儿阅读指导[M].北京:中国科学技术大学出版社有限责任公司,2021.
[12]李蕾,史蕾.公共图书馆服务与创新管理[M].延吉:延边大学出版社,2022.
[13]宫昌利.图书馆服务思维研究[M].长春:吉林人民出版社,2019.
[14]梅梅.图书馆文献信息检索与利用研究[M].北京:北京工业大学出版社有限责任公司,2019.
[15]毛志宣.我国副省级城市少儿图书馆微信阅读现状及对策研究[J].图书馆研究与工作,2023(03):40-45+70.
[16]王余光,徐雁.中国读书大辞典[M].南京:南京大学出版社,1993.
[17]任继愈.中国藏书楼[M].沈阳:辽宁人民出版社,2001.
[18]王余光,等.中国阅读文化史论[M].北京:北京图书馆出版社.2007.
[19]王余光.推荐书目与传统经典的命运[N].中华读书报,2003-12-24(018).

[20]鲁迅.鲁迅文集(3)杂文卷[M].哈尔滨:黑龙江人民出版社,2004.

[21]袁曦临,陈霞全.文学作品导读中的"第二文本"发现[J].图书馆建设,2012(03):70-73.

[22]于良芝.图书馆学导论[M].北京:科学出版社,2003.

[23]王余光,徐雁.中国读书大辞典[M].南京:南京大学出版社,1993.

[24]黄雯.阅读教学新论[M].北京:北京图书馆出版社,2008.

[25]李新祥.出版传播学[M].杭州:浙江大学出版社,2008.

[26]何江涛.耕读传家[M].北京:北京图书馆出版社,2008.

[27]季羡林.读书治学写作[M].北京:华艺出版社,2008.

[28](德)恩斯特·卡西尔.人论[M].北京:北京燕山出版社,2009.

[29]文化部图书馆事业管理局科教处.世界图书馆事业资料汇编[C].北京:书目文献出版社,1990.

[30]蔡元培.中国伦理学史[M].北京:中国社会科学出版社,2008.

[31]柳鸣九.萨特研究[M].北京:中国社会科学出版社,1981.

[32]郭保华.大学生实用心理学[M].北京:中国发展出版社,1991.

[33]常书智.文献资源建设工作[M].北京:北京图书馆出版者,2006.

[34]张枫霞.图书馆读者服务[M].北京:海洋出版社,2009.

[35]林耀.社区少儿图书馆使用现状研究[J].中国建筑装饰装修,2023(02):131-134.

[36]刘洋.论少儿图书馆分级制度建设[J].河南图书馆学刊,2022,42(12):110-112.

[37]冯楠楠,曾伟忠.双减政策下少儿图书馆如何开展课后服务的研究[J].河南图书馆学刊,2022,42(08):112-114.

[38]张梅.新媒体时期少儿图书馆管理创新与服务提升[J].兰台内外,2022(20):61-63.

[39]宋欣.少儿图书馆智慧阅读服务建设研究——《我国少儿图书馆研究》荐读[J].情报理论与实践,2022,45(02):214.

[40]姚茹.少儿图书馆阅读推广服务体系构建探讨[J].内蒙古科技与经济,2021(24):122-123.

[41]郭趁心.少儿图书馆在亲子阅读中的作用探析[J].文化产业,2021(32):29-31.

[42]高菡婷.关于少儿图书馆阅读推广活动有关问题的思考[J].传媒论坛,2021,4(17):142-143.

[43]霍蕾.少儿图书馆微信公众平台推广阅读的优势研究[J].传媒论坛,2021,4

(15):125-126.

[44]赵亚波.全民阅读时代少儿图书馆有声读物资源建设探析[J].新阅读,2021(06):69-70.

[45]肖虹.少儿图书馆对未成年人的阅读指导[J].内蒙古科技与经济,2021(14):122-123.

[46]张明珠.少儿图书馆特色数据库建设的调查分析[J].内蒙古科技与经济,2021(06):139-141+144.

[47]袁金菲.新时期公关图书馆文献建设的新策略[J].江西图书馆学刊,2007(03).

[48]吴冰玉.馆藏资源建设的现状及对策[J].黑龙江档案,2005(02).

[49]李文垛.网络时代的馆藏资源建设[J].图书馆研究与工作,2004(08):292-293

[50]郑晓东,李苹.开发特色文献:高校图书馆文献资源建设的走向[J].高校图书馆工作,2005,25(02):35-37.

[51]方意平.对公共图书馆文献资源建设的思考[J]科技情报开发与经济,2006(17):69-70.

[52]杨素珍.国外阅读理论研究概述[J].淮阴师范学院学报(哲学社会科学版),1995(04):37-39.

[53]刘英莲.阅读的本质和阅读理解中的知识提取[J].辽宁工学院学报(社会科学版),2005(03):119-121.

[54](英)卡尔·波普尔.客观知识:一个进化论的研究[M].舒炜光,译.上海:上海译文出版社,1987:4-6,78-79.

[55]华惠芳.阅读理解中的知识提取和信息加工[J].外语与外语教学,2001(03):19-21.

[56]唐艺,谢守美.知识生态系统中的知识流动研究[J].情报科学,2009(08):1161-1165.

[57]彭斐章,费巍.阅读的时代性与个性[J].中国图书馆学报,2008(02):9-15+23.

[58]王欣欣.阅读的本质与图书馆服务[J].图书馆论坛,2006(02):69-71+141.

[59]周世辟.关于阅读活动特性的思考[J].图书馆论坛,2003(06):103-106.

[60]李文扬.阅读分类简论[J].无锡教育学院学报,2000(02):10-14.